Die Schienentröster Daniel Lenz & Harald Haller

Wie erziehe ich mein Kind richtig ...

... um es möglichst schnell wieder loszuwerden

UEBERREUTER

Dieses Buch widmen wir der Zukunft

ISBN 978-3-8000-7278-1
ISBN 3-8000-7278-5

Cover & Layout: Claudia Stockinger, www.claudiastockinger.at
Illustrationen und einige pädagogisch brilliante Textpassagen:
Johannes Leismüller

Druck: Druckerei Theiss GmbH, A-9431 St. Stefan i. L.
7 6 5 4 3 2 1

Ueberreuter im Internet: www.ueberreuter.at

Inhalt

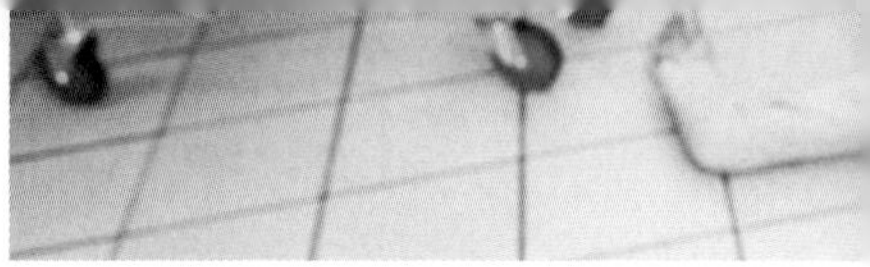

Warnhinweis und Vorwort

Liebe Eltern, liebe Mitstreiter!

Vorweg: Lassen Sie dieses Buch nie unbeaufsichtigt oder gar geöffnet an Plätzen liegen, die für Kinder frei zugänglich sind. Man sticht sich ja auch nicht mit einem Kugelschreiber ins eigene Auge. Lesen Sie dieses Buch erst, wenn Sie sicher sind, dass Ihre Kinder schlafen oder wieder mal vorübergehend ausgezogen sind. Tarnen Sie diesen Ratgeber mit einem Einband irgendeines trivialen Liebesromans, der in Irland spielt. Nach dem Lesen einer Seite sollten Sie diese herausreißen, um bei einer Gefangennahme möglichst wenige Informationen an den »Feind« weiterzugeben. Leihen Sie dieses Wunderwerk deutscher Literatur, aufgrund des vorherigen Hinweises, niemals her. Verwenden Sie beim Lesen Handschuhe, da dieses Buch auf speziell aufgerautem und geschärftem Papier gedruckt wurde als Abwehrschutz vor zarten Kinderhänden.

Mit dem Erwerb dieses Ratgebers geben Sie zu, dass Sie Hilfe brauchen. Dies sollte Sie aber nicht beunruhigen, denn unkomplizierte Kinder gibt es nur in Märchen, Sagen und bei den Waltons.

. um es möglichst schnell wieder loszuwerden

Sie sind es leid, dass Ihre Kinder Ihnen den letzten Nerv rauben, Sie in den Ruin treiben, Sie keinerlei Freizeit, Freunde oder Sex haben, immer und überall, sogar zu Weihnachten, stören, Ihnen Tag und Nacht nur Sorgen bereiten, mindestens drei Mal im Leben die Bude vollkotzen (als Baby, erster Rausch, erste Liebeskummerfrustfressorgie), Ihre Lebenserwartung dramatisch verkürzen, Ihre Kinder schuld daran sind, dass Sie überhaupt zu rauchen angefangen haben, Sie überall bloßgestellt werden (»Mama, hat die Tante auch so eine große Vagina wie du?«), Sie seit der Geburt Ihres Kindes Ihr Lieblingsfernsehprogramm nicht mehr gesehen haben, Ihr Partner eine grobe Vermutung geworden ist, Ihr Kleiderschrank und Ihr Schmuckkästchen geplündert und der Kühlschrank gebrandschatzt, die Plattensammlung zerkratzt, die Möbel ruiniert, die Computertastatur voller Chips, Schoko, Aknereste etc., überhaupt die gesamte Wohnung Ähnlichkeit mit der städtischen Müllhalde aufweist, Sie für die Telefonrechnung einen Kredit aufnehmen müssen, das letzte Mal, wo Sie im Kino waren, Humphrey Bogart noch lebte, Ihre Kinder mindestens fünf Parkschäden verursachen (wenn Sie sich noch ein Auto leisten können) und am Ende Ihrer Tage nicht mal auf Besuch ins Pflegeheim kommen!

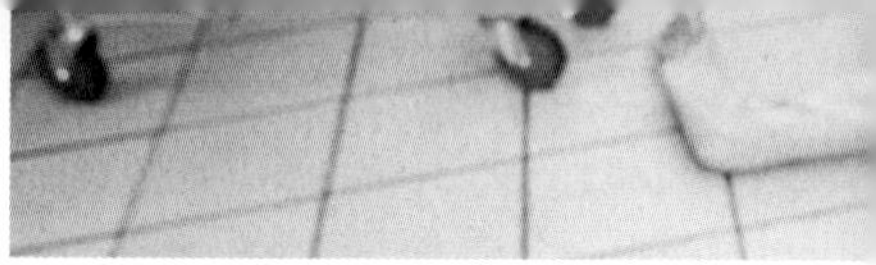

Kinder als Hemmschuh der Gesellschaft!

Dieser Ratgeber soll Ihnen helfen, Ihre Kinder möglichst schnell wieder loszuwerden. In einfachen, leicht verständlichen Schritten (ohne körperliche Gewalt, denn Kinder werden oft größer und kräftiger als man selbst) lernen Sie Maßnahmen kennen, wie Sie Ihre kleinen Hausbesetzer, Mitesser und Herzrhythmusstörungsverursacher aus Ihren(!) vier Wänden bekommen. Egal in welchem Alter sich Ihr Kind befindet, wir wissen, wie Sie es dazu bringen können, auszuziehen.

Sind Sie bereit?
Sicher, dass keine Kinder in der Nähe sind?
Dann los!

1. Die Zeugung oder erste Erziehungsmaßnahmen

1.1. Einwände

Liebe Zeugungswillige: Es mag sein, dass Sie vor kurzer Zeit einen Säugling eines Verwandten am Arm hatten, der zufällig einen erfolgreichen Stuhlgang hinter sich hatte und Sie glaubten, er lächle Sie an. Vielleicht haben Sie auch ein Paar mit einem Kind gesehen, welches in der Öffentlichkeit so tat, als wäre es glücklich. Vielleicht ist Ihnen auch bloß langweilig ...

Aber:

Bevor Sie sich zur Zeugung eines Kindes entschließen, duschen Sie kalt und lassen Sie sich noch kurz ein paar Dinge durch den Kopf gehen. Zum Beispiel den

1.1.1. Kostenfaktor:

Ein Kind wird Sie nicht nur Ihr gesamtes weiteres Leben kosten, sondern auch noch mindestens € 100.000,– !!! Und bei dieser Mindestsumme sprechen wir, wie Sie sich denken können, von einem durchschnittlich gebildeten, mittelmäßig aussehenden Kind, das also gesellschaftlichen Durchschnitts ist. Für Topmodelle sollten Sie mit ca. € 275.314,50 rechnen. Natürlich ohne Gewährleistung und Umtauschrecht.

Sie können also ein »Ich hätte gerne ein Kind von dir« Ihres Partners getrost mit »Aber meine zwei Bausparer laufen erst seit einem

Monat« beantworten, ohne dabei unromantisch zu wirken. Denn falls Sie nicht am Dachboden einen verstaubten und verloren geglaubten Rembrandt oder einen Esel (der sich dadurch auszeichnet, 925er-Golddukaten als Ergebnis seiner Verdauung zu produzieren) haben, so lassen Sie alle Hoffnung fahren und vergessen Sie wahrhaft alle Ihre materiellen Träume. Von nun an werden Sie sich genau gar nichts mehr leisten können außer einen Bruch (das ist zugegebenermaßen kein besonders gelungenes Wortspiel, aber durch die erschreckende Gewichtszunahme von Kleinkindern gerechtfertigt).

1.1.2. Die Grafik

Nachstehende Grafik zeigt sehr deutlich, wie sich ein Kind auf das Wohlbefinden auswirkt.

Das Wohlbefinden drückt den seelischen Zustand aus und lässt sich praktischerweise mit einer Formel mathematisch errechnen:

$$\textbf{Wohlbefinden} = \frac{\textbf{Liebe x Spaß x Sex x Harmonie}}{\textbf{Streit x finanzielle Engpässe x Stress}}$$

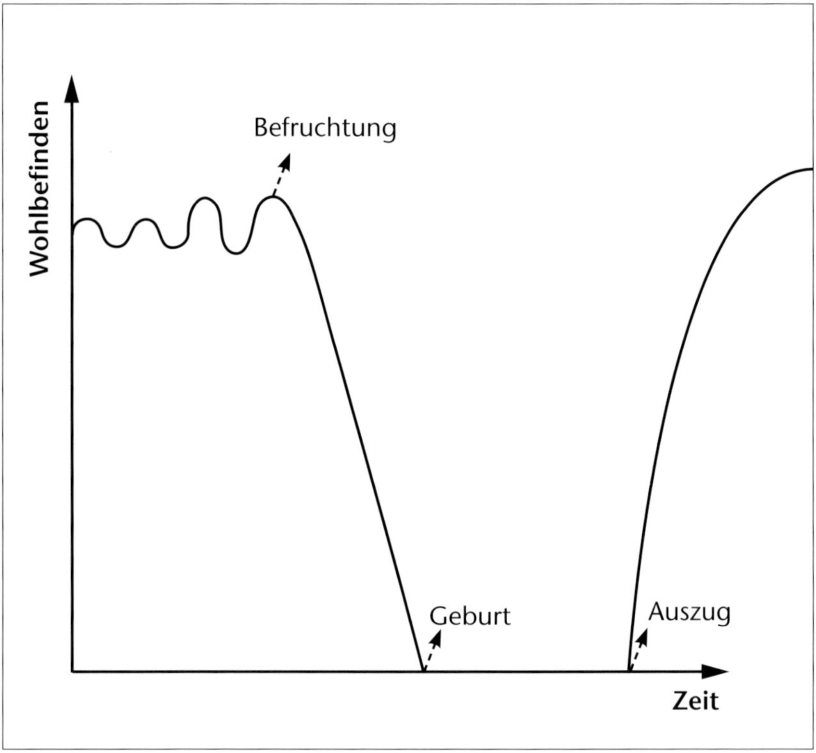

Je mehr Liebe, Sex, Harmonie und Spaß Sie in Ihrem Leben haben und je weniger Streit, Probleme, finanzielle Engpässe und Stress, umso größer ist Ihr Wohlbefinden.
In der Grafik gehen wir von einer typischen Mann-Frau-Beziehung aus, deshalb ist das Wohlbefinden am Anfang sehr hoch. Alles ist neu, man beschnuppert sich, verzeiht sich alles und noch ist keiner

gewillt, seine Schattenseiten zu zeigen. Diese Phase ist in der Regel sehr kurz und das Wohlbefindensbarometer geht über in ein klassisches Auf und Ab, geprägt von Hochs und Tiefs, Querelen und Wolke sieben, so wie Beziehungen eben sind.

Aber dann trifft plötzlich ein wild gewordenes Spermium auf ein fruchtbares Ei. Das ist für das Wohlbefinden innerhalb einer Beziehung eine Katastrophe. Es wird gestritten, Probleme (gesundheitliche, aber auch infrastrukturelle) nehmen Überhand, die ersten Anschaffungen für den Noch-Embryo kosten einen Haufen Geld und das verursacht Stress. Auf der anderen Seite konvertieren Liebe, Spaß, Sex und Harmonie gegen null. Das Wohlbefinden stürzt ins Bodenlose und mit der Geburt des Kindes oft sogar ins Minus.

Aber wenn wir die Linie des Wohlbefindens weiterverfolgen, so sehen wir ganz deutlich, dass es wieder bergauf gehen kann und sich frühere Wohlbefindenswerte erreichen und auch übertreffen lassen. Das alles hängt von einem Faktor ab:

Wann Ihr Kind auszieht!

Die Zielsetzung für ein Leben, das mit höchstem Wohlbefinden erfüllt sein soll, muss also sein, dass die Spanne vom Beginn der

Schwangerschaft bis zum Auszug so kurz wie möglich ist. Das ist die Aufgabe, die wir uns gestellt haben. Wie bekommen Sie Ihr Kind aus dem Haus?!

Damit Wohlbefinden wieder Wohlbefinden sein darf!

Ach ja – falls Sie der Gruppe von Fanatikern angehören, die glauben, dass man von einem Kind alles doppelt und dreifach zurückbekommt, denen sei gesagt:

Vater-/Mutterfreuden sind ein Mythos, ein sagenumwobenes Fabelwesen, nicht mehr als eine kurz aufblitzende Lichthupe eines Fremden im Dunkel der Nacht.

1.1.3. Die Anatomie:

Der kindliche Körper ähnelt nur oberflächlich gesehen dem eines Erwachsenen. Bei genauerer Betrachtung entdecken Sie allerdings gravierende Unterschiede, welche das eigentümliche Verhalten unserer Sprösslinge zu erklären vermögen.

Um eine Sache loswerden zu wollen, muss man zuerst einmal verstehen, wie sie funktioniert. Werfen wir also einen gemeinsamen Blick auf die

Anatomie des Kindes:

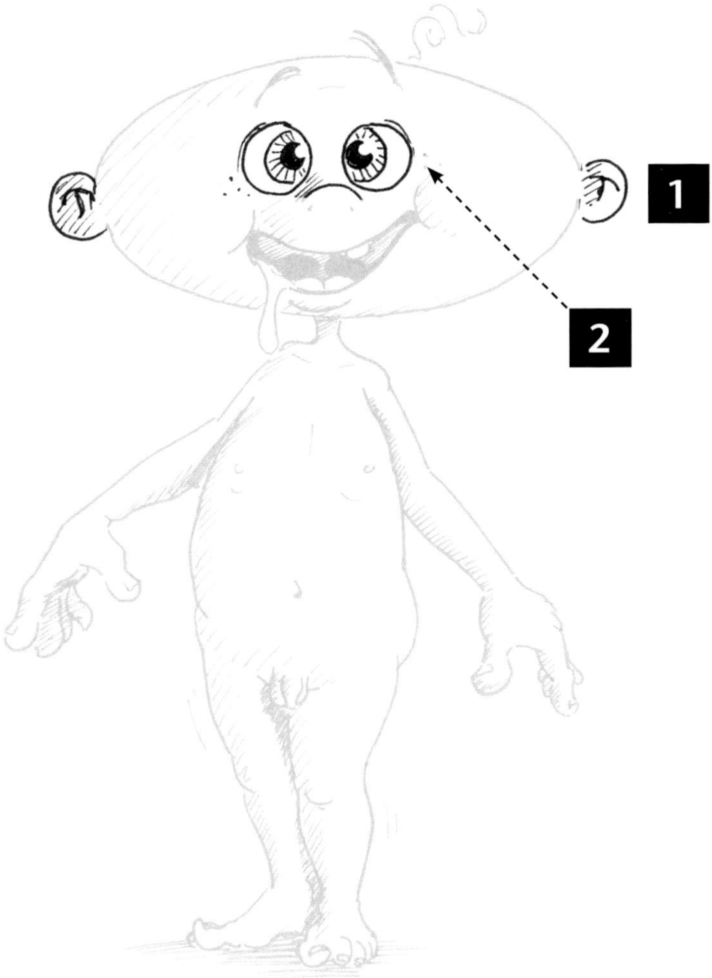
1
2

1.) Akustische Sensoren

Das kindliche Pendant zu den Ohren eines Erwachsenen nimmt alle akustischen Signale in einem Frequenzbereich zwischen 16 und 16.000 Hz wahr, mit Ausnahme jener Frequenzen, die den elterlichen Sprechstimmen entsprechen. Ausnahme der Ausnahme: die Worte »Essen« und »Taschengeld«.

2.) Optische Sensoren

ACHTUNG, Kindchen-Schema! Wenn Sie bei diesen großen, runden, leuchtenden Augen weich werden, dann nicht etwa, weil dieses Kind so lieb und nett ist, sondern weil Sie gerade auf einen billigen Trick der Evolution hereingefallen sind. Das sogenannte Kindchen-Schema soll verhindern, dass Säugetiereltern nicht schon unmittelbar nach der Geburt das Weite suchen. (Aus demselben Grund finden wir auch beispielsweise kleine Kälbchen und Ferkelchen ganz unglaublich süß, während wir sie im erwachsenen Zustand eher herzhaft deftig, zart und saftig finden.)
Der unglaubliche Erfolg der Insekten erklärt sich unter anderem dadurch, dass absolut niemand weich wird beim Anblick eines Engerlings.

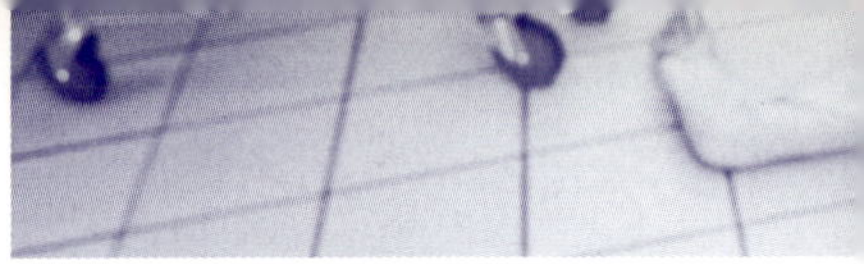

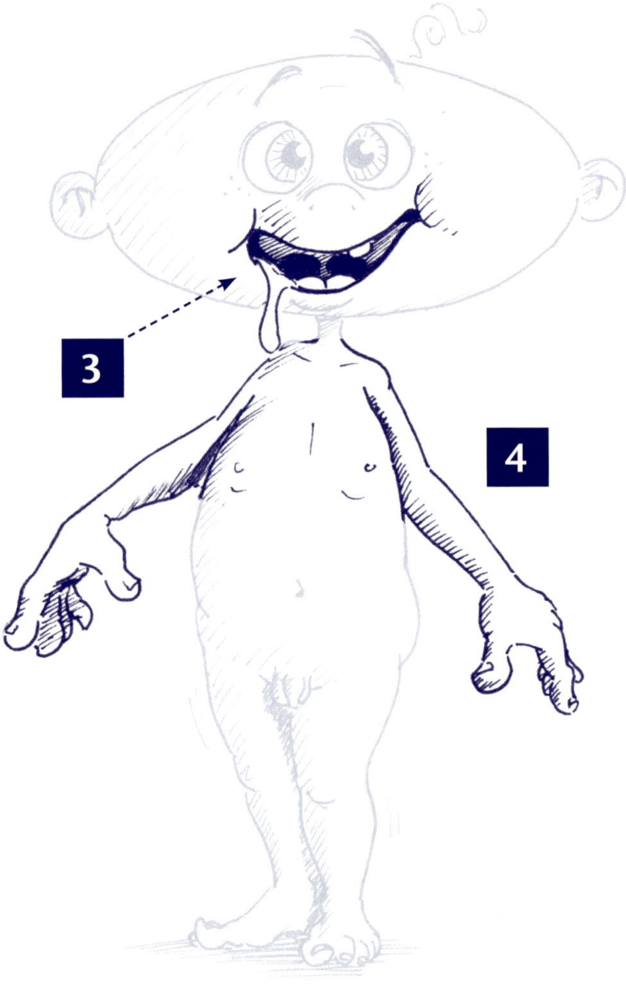
3
4

3.) Kostenverursacher (1)

Diese Körperöffnung funktioniert in beide Richtungen. In die eine Richtung kostet es Sie vor allem Geld, in die andere Richtung Nerven.

4.) Kostenverursacher (2)

Die oberen Extremitäten des Kindes zeichnen sich durch einen überraschend großen Aktionsradius sowie durch ein überraschend geringes Koordinationsvermögen aus.
Diese Werkzeuge des Kindes sind wie geschaffen dafür, alles, was im Umkreis von 20 Metern liegt und nicht zufällig zu 100 % aus Hartgummi besteht, zu zerstören und es dabei noch wie einen Unfall aussehen zu lassen. Besonders die Hände sind äußerst aktiv an der Demolierung Ihrer Umwelt beteiligt. Ihnen zu eigen ist der – früher fälschlicherweise als Klammerreflex bezeichnete – Drang zur Zerstörung, der in neueren Lehrbüchern sehr treffend als »Haftpflichtreflex« beschrieben wird. Als verantwortungsvoller Familienvater sollten Sie deshalb vorsorgen, indem Sie Ihre Frau dazu überreden, mit Ihrem Versicherungsmakler zu schlafen. Auch selbst gestrickte Handschuhe ohne Ausstülpungen für die einzelnen Finger zählen zu den vorbeugenden Maßnahmen.

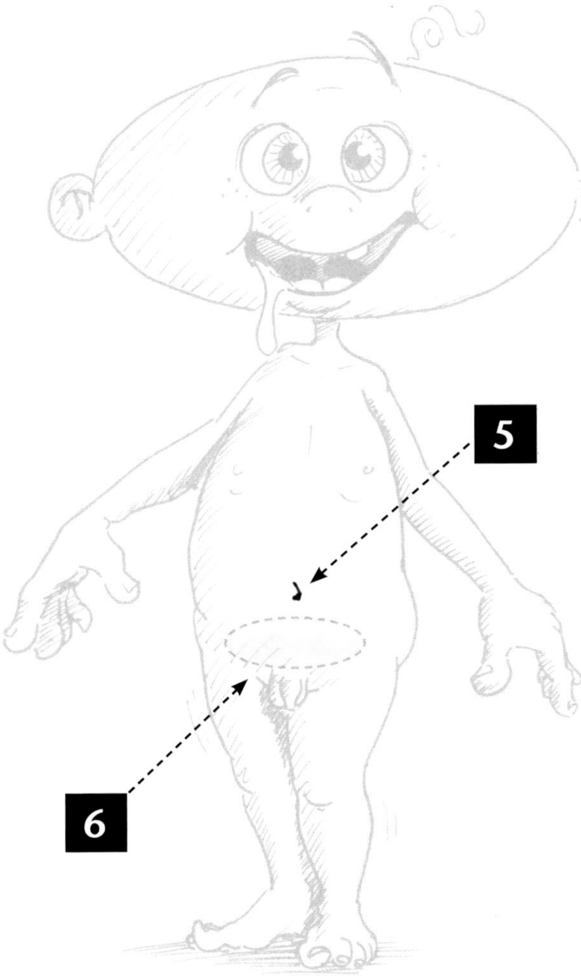
5
6

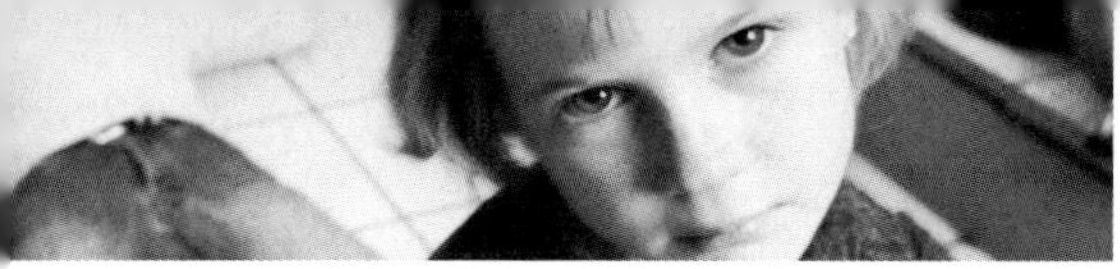

5.) Nabel

Der Nabel ist das Symbol des Loslösungsprozesses Ihres Kindes. Erlauben Sie Ihrem Kind, diese Symbolkraft mit einem dekorativen Nabelpiercing zu unterstreichen.

6.) Urogenitalsystem

Dieses System verursacht – sowohl bei Jungen als auch bei Mädchen – besonders im Kleinkindalter Probleme in seiner ersten Funktion als Harn ausscheidendes System. Berge von voll gepissten Windeln, Entsorgungskosten von der Höhe des NASA-Budgets, die vielen Nächte, in denen Sie schweißgebadet aufwachen (oder zumindest denken, es wäre Schweiß), bis Ihr Kind endlich »sauber« ist, und die 325 Rückfälle, die darauf folgen.
Sollten Sie es nicht schaffen, Ihr Kind bis zum Einsetzen der Pubertät aus dem Haus zu ekeln, warten Sie ab, welche Probleme diese Organe erst in ihrer zweiten Funktion verursachen.

7
8

7.) Ausscheidungsorgan

Stellen Sie Ihr Kind so schnell wie möglich auf normale Kost um! Babynahrung ist an sich schon Brechreiz fördernd, aber das, was davon nach dem Passieren der Verdauungsorgane den Körper wieder verlässt, verstößt eindeutig gegen die Genfer Konvention. Die oftmals auftauchende leuchtend rote Färbung des kindlichen Hinterteils ist in Wirklichkeit ein missverstandenes Warnsignal und keine Aufforderung zum Pudern.

8.) Beine

Den Beinen Ihres Kindes müssen Sie besondere Pflege und Fürsorge angedeihen lassen. Schließlich sind es die Fortbewegungsorgane Ihres Zöglings – und unser gemeinsames Ziel ist ja, dass sich Ihr Kind von Ihnen fortbewegt.

Wenn Sie nun wirklich immer noch wollen, dann kommen wir eben hiermit:

1.2. Zur Zeugung

Zur Wortherkunft: Das deutsche Wort Zeugung leitet sich vom lateinischen »zamia« ab, das übersetzt so viel wie Verlust bedeutet bzw. vermuten einige Linguisten, dass es möglicherweise auch von »educare«, also »erziehen« abstammt und über die griechisch-serbisch ortogroteske, prähochallemanische Lautverschiebungen und Konsonantenabdriftungen zum Begriff »Zeugung« überging.

1.2.1. Gibt es den perfekten Zeugungszeitpunkt?

Laut einer Studie der linksdrehenden Kräuterfrauenvereinigung von Brick Hendge (einer Splittergruppe von Stone-Hendge-Herbal-Essence-Aktivisten) spielt der Zeitpunkt der Zeugung eine weit größere Rolle als der der Geburt zum Beispiel. Ebenfalls lässt sich aufgrund dieser Studie die Ernährung, der psychische Zustand und der Aufstehzyklus (der Aufstehzyklus ist der immer wiederkehrende Umstand, dass sich Frauen in anderen Umständen umständlich von einer Sitzgelegenheit erheben müssen, um dort nicht die gesamte Schwangerschaft zu verbringen) während der Schwangerschaft vernachlässigen.

Eine andere Studie wurde mit Hilfe des Ehepaars Wolter und Elisabeth Smith aus Chillicothe in Ohio durchgeführt, die sich bereit erklärten, zu jedem erdenklichen Zeitpunkt ein Kind zu zeugen. Nach anfänglichen Schwierigkeiten bei der genauen Zeitnehmung und dem Ausbau des Wohnviertels wurde die Einwohnerzahl der Stadt Chillicothe in den vergangenen Jahren verdoppelt und eine Umfahrungsstraße gebaut. Jedoch ist diese Studie Humbug und wird in diesem Buch nicht weiterverfolgt, da sich herausstellte, dass es vollkommen egal war, zu welchem Zeitpunkt wer gezeugt wurde. Es wurden alles schlecht erzogene, von ihren Eltern vernachlässigte Kinder.

Es gibt also keinen guten und schon gar keinen perfekten Zeugungszeitpunkt.

Woraus wir den Schluss ziehen, uns anderen Themen zuzuwenden.

1.2.2. Die Stellung der Zeugung:

Wie aus der Fachlektüre für Stellungen der unterschiedlichsten Art, dem »Kamasutra«, bekannt, sucht die menschliche Sexualität nach Abwechslung, um so dem instinktiven Trieb eine andere Note zu verleihen als nur die der Fortpflanzung. Sprechen wir es offen aus: Es geht um Spaß! Wenn Sie sich jedoch dazu entschlossen haben sollten, auf jegliche Art der Verhütung zu verzichten, um Ihren gemeinsamen Genpool an die Nachfahren Ihrer Lust (sprich: Kinder) weiterzugeben, der Stellung der Zeugung eine wichtige Stellung einzuräumen (auf dieses Wortspiel sind wir besonders stolz).

Nicht umsonst heißt die sogenannte Missionarsstellung, wie sie heißt. Mit dieser Körperaneinanderreihung (um das Wort Stellung nicht schon wieder zu gebrauchen) ist wohl jedem klar, welche Berufsrichtung das Ungeborene eines Tages einschlagen wird. Oder das »Nageleinschlagen«, das unumgänglich zu einem Beruf mit Hammer führt, sowie »die furchtlose Reiterin«, bei der weitere Ausführungen wohl nicht von Nöten sind!

Vergessen Sie es, verschiedene Stellungen auszuprobieren – Ihr Kind wird es Ihnen nicht danken (wie überhaupt sehr wenig). Wenn es schon sein muss, dann soll es zumindest kein Vergnügen bereiten. Sie haben sich ja auch entschlossen, ein Kind zu bekommen, und nicht dazu, Spaß zu haben.

1.2.3. Jahreszeitliche Auswirkungen

Der einzige zeitliche Einfluss auf die Zeugung sind die Jahreszeiten. Frühling, Sommer, Herbst und Winter gebären Kinder verschiedenster Charaktere. Um Ihnen die Entscheidung des Zeugungsquartals zu erleichtern, erläutern wir Ihnen, welche Auswirkungen die einzelnen Jahreszeiten auf die Wesensart Ihres Ungeborenen haben werden.

Frühling: Im Frühling gezeugte Kinder sind schlicht und einfach hyperaktiv, mit dem sogenannten Zappelphilipp-Syndrom ausgerüstet. Keine Sekunde ihres Lebens wird ohne Bewegung sein, Stillstand ist ein Fremdwort. Haben Sie einen Waldteil als Auslauf oder sind Sie Besitzer eines Sportstadions, gibt es höchstwahrscheinlich keine größeren Probleme. In kleinen Wohnungen wird so ein Kind allerdings seine Energie auf Einrichtungsgegenstände und deren systematische Obduktion projizieren.

Sommer: Kinder, die in der heißesten Zeit des Jahres ihren Ursprung haben, sind übermäßige Transpirierer. Deren Schweißdrüsen sind dermaßen ausgebildet, dass die Flüssigkeit, die zu sich genommen wird, direkt an die Hautoberfläche gepumpt wird ohne den lästigen Umweg über die Harnblase. Den Nachteil, den diese Kinder haben, sind Kontaktschwierigkeiten ab dem ersten Händedruck. Solche Kinder kann man sprichwörtlich »nicht riechen«!

Herbst: Nebel und Trübsal sind die Merkmale des Herbstes. Herbstkinder sind pessimistisch und depressiv. Zwei Eigenschaften, die gut zusammenpassen und sich so ergänzen, dass einfach alles zu spät ist. Bei diesen Kindern brauchen Sie entweder eine gute Portion Humor und Lebensfreude oder Sie sind selbst ein Herbstkind und leiden gemeinsam.

Winter: Zwischen Schneegestöber und Glatteis gezeugte Kinder besitzen das Winterschlafsyndrom, das sich über das ganze Jahr zieht. Sie sind lustlos, und meistens ist es besser, man weckt

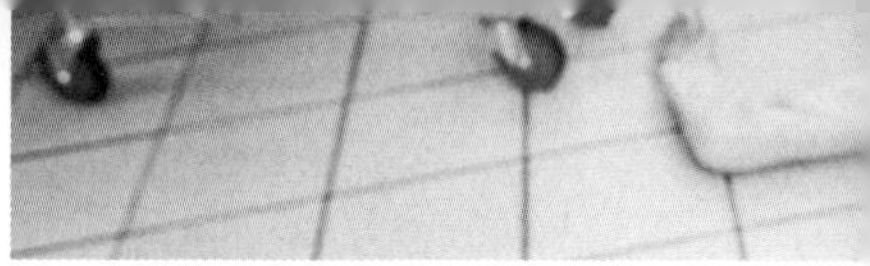

sie nicht, außer zur Nahrungsaufnahme. Denn wie jeder weiß, für einen vernünftigen Winterschlaf muss man genügend Speck angefuttert haben. Daraus ergibt sich, dass diese Kinder selten ihr optimales Gewicht erreichen.

Übungsaufgaben

Aufgabe 1: Setzen Sie sich mit Ihrem Partner zusammen und malen Sie sich ein Horrorszenario aus, das mit Ihrem geplanten Kind zu tun hat!

a) Ist Ihnen die Lust dabei vergangen?

Sehr gut! Sie sind bereit, ein Kind zu zeugen.

b) Sie ziehen sich gegenseitig sexuell an?

Holen Sie die Eiswürfel oder treiben Sie Sport, um ihre Energien abzubauen.

c) Sie haben den Taschenrechner gezückt?

Sie werden perfekte Eltern!

Aufgabe 2: Für welche Jahreszeit haben Sie sich entschieden?

a) Frühling. Leider falsch!

b) Sommer. Ganz schlecht!

c) Herbst. Bitte nicht!

d) Winter. Unakzeptabel!

2. Die Schwangerschaft – oft unterschätzt

Die Schwangerschaft ist eine für alle Beteiligten überaus unerfreuliche Phase. Der Enthusiasmus über den verfärbten Indikationsstreifen und das Wunder des Lebens ist rasch verflogen und weicht schierer Verzweiflung.
Kaum gezeugt sorgt nämlich das Kind (so klein es auch ist, nennen wir das Kind beim Namen) dafür, dass das Leben, wie man es bisher gekannt hat, nur ein Vorspiel zum Eintritt in die Hölle war. In erster Linie sind die Frauen diejenigen, die durch diese »Tröpfcheninfektion« Dantes Inferno durchleiden müssen.

Neun Monate lang gebiert die Frau eine Beschwerde nach der anderen: Sie muss sich ständig übergeben, ist müde, gereizt, launisch wie ein Manisch-Depressiver. Auch die vornehmste Frau bringt lautstark Ausdünstungen hervor, bei denen ein Gerichtsmediziner w. o. geben müsste. Tag für Tag wird sie schwerer, korpulenter, unförmiger. Wasservorräte werden in allen nur erdenklichen Körperteilen angelegt. Der Rhythmus der weiblichen Harnblase gleicht dem eines markierenden Hundes. Und am Ende dieser neun Monate wartet nicht etwa die Erlösung, sondern es warten richtige Schmerzen.

Die Männer müssen sich in dieser Zeit damit abfinden, dass sie bestenfalls geduldet sind und alles, was sie tun und sagen, falsch ist.

Zwischendurch gibt es auch noch eine richtig harte Prüfung für die ohnehin schon durch hormonelle Erschütterungen labile und geplagte Beziehung: Es ist ein wunderbarer Abend, mit einer beinahe greifbaren romantischen Stimmung. Nichts kann die traute Zweisamkeit stören. Irgendwann beginnt man sich Gedanken über die Namensgebung zu machen. Man formuliert diese, spricht sie offen aus, teilt sich dem Partner mit und plötzlich ist man mitten drin im »battle of names«, dem

2.1. Namensstreit!!!

Kennen Sie das: **Er:** *Liebling, was hältst du denn von Florian?*

Sie: *Nein, Schatzi, ich kenne einen Florian, der ist total unsympathisch: Da wäre mir Angelo viel lieber.*

Er: *Angelo? Wir sind doch keine Italiener. Reinhard gefällt mir gut.*

Sie: *Reinhard, ja genau, ich hör schon die anderen Kinder singen: Reinhard – Keinbart oder Reinweich, Steinhart, Schweinstart, Meinhard – Deinhard – Keinhard. Warum nennen wir ihn nicht gleich Klassendepp? Maurizio find ich schön.*

Er: *Was hast du bloß mit diesen italienischen Namen? Nehmen wir doch etwas Bodenständiges wie Anton.*

Sie: *Ja genau: Toni – Betoni oder noch besser Toni-Erosioni. Wir hatten mal einen Brugger-Franz in der Klasse – bei uns hieß der nur Schwanz-Franz. Etwas Bodenständiges! Vielleicht Daniel der Spaniel? Nein, so*

was kommt nicht in Frage. Wir nennen ihn einfach nach meinem Vater und damit basta.

Er: *Branko? Sonst noch was! Kurt!*

Sie: *Iiih. Mercutio!*

Er: *Pah. Robert!*

Sie: *Alessio!*

Er: *Paul!*

Sie: *Fiona!*

Er: *Fiona? Wir bekommen einen Jungen!*

Sie: *Na und – ich wollte immer Fiona heißen.*

Er: *Das ist doch lächerlich.*

Sie: *Ich hasse dich!*

Er: *Hätte ich doch auf meine Mutter gehört und dich nie geheiratet.*

Sie: *Stirb doch endlich!*

Die Diskussion um den Namen des neuen Erdenbürgers ist in der Regel hässlich und endet oftmals blutig.

Aber das muss nicht so sein, im Gegenteil: Das kann richtig lustig werden. Hier setzen auch unsere ersten Erziehungsmaßnahmen in der Schwangerschaft an.

Setzen Sie sich mit Ihrem Partner und einer guten Flasche Wein zusammen und basteln Sie einen Namen für den neuen Quälgeist in spe, bei dem er gleich weiß, wie der Hase läuft. Auch wenn die Namen rechtlich nicht zugelassen werden, so ist der Kreativität

inoffiziell in den eigenen vier Wänden und unter Freunden keine Grenze gesetzt. Geben Sie Ihrem Erziehungsziel einen Namen, entweder mit didaktisch feiner Klinge, ein Wink mit dem Zaunpfahl oder lassen Sie einfach mal Ihrer Fantasie freien Lauf und Dampf ab.

Hier ein paar Anregungen:

Ziehaus: Kurz prägnant und ausdrucksstark.

Sichernicht: Der Name spricht für sich selbst. Was? Er gefällt Ihnen nicht? Sicher nicht? Ein Beispiel: »Was willst du? Ein Pferd? Wie heißt du noch mal? – Genau!«

Unfall: Aber auch Hinweise zum Bewusstseinzustand zum Zeugungszeitpunkt wie »Tretn voll« oder »Mein lieber Scholli, da waren wir aber bedient« sind möglich.

Traktor: Ohne besonderen Grund, einfach nur weil es lustig klingt, wenn man sagt: »Vorsicht, Traktor, da kommt ein Auto!«

Einewochenkartebitte: Wem das zu lange ist, der kann auch einfach »Öffi« sagen.

Dahabichabernichtbezahltfür: Werden Sie aber noch, und zwar kräftig!

Dasistabernichtdaswasichbestellthabe: Ein Klassiker aus der Gastronomie und dem Versandhandel.

Andere Bereiche, Kinder bereits in der Schwangerschaft zu erziehen, eröffnete uns die moderne Wissenschaft. Untersuchungen

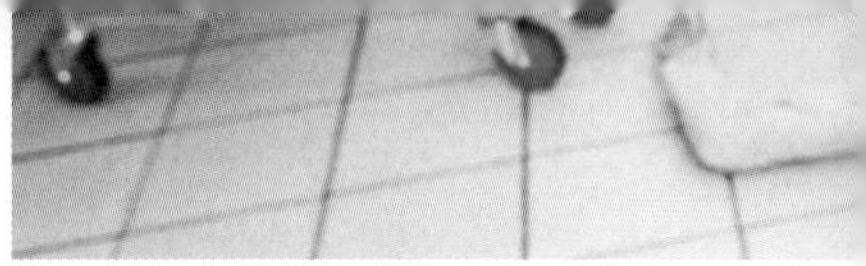

haben ergeben, dass Kinder bereits im Bauch der Mutter bis zu einem gewissen Grad sehen, hören und auch fühlen können.
Es bieten hier also mannigfaltige Möglichkeiten, erzieherisch formend, lenkend und manipulierend tätig zu sein – ja sie drängen sich einem geradezu auf.
Die einfachste und bequemste Form ist die

2.2. Mediale Berieselung

Hier werden ausgewählte Filme und TV-Serien beeinflussend eingesetzt, indem man sich schlicht und einfach vor den Fernseher setzt.
Schauen Sie sich neun Monate hindurch nur Filme und Serien mit dieser Botschaft an: Allein bin ich stärker, nur als Einzelgänger kann ich es weit bringen, Me, myself and I, und der Satz, den wir alle herbeisehnen: »Ich glaube, es ist besser ich zieh aus!«, wird nicht lang auf sich warten lassen.
Untenstehend eine Hitliste wertvollen Materials:
1. Kevin allein zu Haus
Etwas Manipulativeres muss erst gedreht werden.
2. Perrine
Als die Mutter eines fast verhungerten Mädchens (endlich) stirbt, erkämpft es sich allein einen riesigen Fabrikkonzern, indem sie einem alten Tattergreis einredet, sie wären verwandt.
3. Knight Rider

Ein zweischneidiges Schwert: Sie müssen Ihrem Kind ein Auto kaufen – aber dann ist es weg.

4. Niklaas, der Junge aus Flandern

Vorausgesetzt der Großvater des Kindes lebt noch, einsam in einer Holzhütte am Waldesrand. Besorgen Sie ausreichend Zeichenutensilien und schicken Sie Ihr Kind dorthin.

5. Jegliches Material über Jesus

Über Religion lässt sich viel diskutieren, streiten oder Hochhäuser in die Luft jagen, aber weit gebracht hat es der Zimmermannssohn allemal, als er im zarten Kindesalter von zu Hause auszog.

6. Rambo

Den sollten Sie sich vielleicht nicht zu oft anschauen, sonst glaubt Ihr Kind, Artikulationsschwierigkeiten wären normal.

Eine andere Art der medialen Konditionierung in der Schwangerschaft ist der Bereich der Musik, die ja ein Grundbedürfnis des Menschen darstellt. Da Ihr Kind nur beschränkt die Filme und Serien in der Flimmerkiste, sehr wohl aber Geräusche und Töne verfolgen kann, eignet sich der musikalische Bereich in den ersten neun Monaten hervorragend, um dem Ungeborenen klare Botschaften weiterzugeben.

Musik wirkt auf jeden von uns je nach Art und Geschmack stimulierend oder beruhigend. Gewisse Frequenzen erzeugen in uns

Unwohlsein oder Entspannung. Das soll jetzt aber nicht heißen, dass sich Schwangere auf die Lautsprecher der heimeigenen Stereoanlage setzen sollen, um so den bestmöglichen Effekt zu erzielen. Man sollte vielmehr auf die Art der Musik und deren Inhalte wert legen. Selbst wenn der Fötus im Mutterleib die Worte der Liedtexte noch nicht verstehen kann, so brennt sich die Information doch schon unterbewusst im Gehirn ein und wird spätestens im Kleinkindalter abgerufen bzw. wieder erkannt.

Wertvolle Musik während der Schwangerschaft

1. Elvis »Return to Sender«

Besonders geeignet für alleinerziehende Mütter!

2. Green Day »I walk alone«

Dieses, wie auch das vorige Lied sind englischsprachig und verstärken das Gefühl, im falschen Land adoptiert worden zu sein (siehe Kapitel 4).

3. Big Bill Broonzy »Why did you do (that thing to me)«

Nicht nur eine Kritik am Vater, sondern gleichzeitig ein kleiner Vorwurf gegenüber dem Ungeborenen, was es der Mutter noch alles antun wird.

4. Freddy Quinn »Junge, fahr bald wieder, bald wieder hinaus!«

Die zweite aktuelle Version von Freddy, nachdem er zwei Kinder großgezogen hat und der Meinung war, dass es jetzt reicht.

5. Volkslied »Muss i denn zum Städtele hinaus«

Der Vorteil bei Volksliedern ist, dass sie auch selbst gesungen werden können und damit immer parat sind. Infolgedessen kann man diese Lieder später mit dem Kind singen, wodurch die gesangliche Konditionierung verstärkt wird.

Eine andere heikle Frage, die schon in der Schwangerschaft geklärt werden muss, ist die des

2.3. Kinderzimmers

Durch die systematische hormonelle Vergiftung der Frau in der Schwangerschaft ist es ihr ein existenzielles Muss, dass bereits Monate vor dem eigentlichen Eintreffen des Babys das Kinderzimmer komplett eingerichtet ist: ein Stubenwagen, eine Gehschule, ein Stockbett (falls sich die fünf verschiedenen aufgesuchten Fachärzte geirrt haben und es doch Zwillinge werden), Tragetücher, Tausende Windeln, tonnenweise Spielzeug, bunte Tapeten mit lustigen Tieren, ein Klavier (ein Künstler in der Familie wäre schon was Tolles), sechs bis sieben Babyphones mit Atem- und Bewegungssensoren und mehreren Ersatzbatteriesätzen, und so weiter und so fort.

Alles muss in den Raum, der eigentlich das dringend benötigte Arbeitszimmer war, und zwar sofort, sonst gibt es Krieg. Objektiv betrachtet ist das vielleicht lustig und mag das Frauenbild ein wenig schief beleuchten, aber in der Situation ist es bitterer Ernst und überhaupt nicht lächerlich.

Frauen sind die Opfer und können nichts dagegen machen. Es ist genauso, wie wenn ein Mann an einem herrenlosen Fußball vorbeigeht – den muss er einfach treten – oft will er es nicht einmal und weint nachher bitterlich. Es ist ein innerer Zwang, hervorgerufen durch chemische Reaktionen verschiedenster Drüsen, die einem die Herrschaft über den Körper und den freien Willen rauben.
In der Kinderzimmerfrage ist also diplomatisches Geschick des Mannes gefragt, der mal als Beschwichtiger, mal als erhobener Zeigefinger aufzutreten hat. Außerdem wird ein der Natur des Mannes völlig gegensätzliches, grenzenloses Verständnis benötigt.

Liebe Männer: Sie können gar nicht alle Forderungen der Frauen in dieser Zeit erfüllen, da es ein Fass ohne Boden ist. Sie würden sich sonst in einen Schuldenberg stürzen – und der kommt noch früh genug. Versuchen Sie, gerade in dieser schwierigen Phase nüchtern zu bleiben, und wägen Sie genau ab, was man für ein Kinderzimmer wirklich benötigt.

Grundsätzlich gilt, dass es nicht wie ein luxuriöser Wohlfühlpalast, sondern eher spartanisch eingerichtet, aber auch nicht wie ein frisch geschändeter Friedhof aussehen soll. Der Haken an der

Sache ist, dass der Wohlfühlquotient des Kinderzimmers in etwa der gleiche wie der der gesamten Wohnung sein sollte.
Sieht es dort ungleich ungemütlicher aus als in Ihrem Teil, dann wird sich das Kind selbst zum Schlafen sehr ungern dort aufhalten. Fühlt es sich dort allzu wohl, ist es zwar kurzfristig eine Erleichterung, langfristig werden Sie es aber nicht mehr los, gleich einem eingewachsenen Zehennagel.

Ein gemütliches Kinderzimmer hieße einen brasilianischen Mittelfeldspieler durch einen österreichischen zu ersetzen.

Das Beste wäre, vorausgesetzt Sie haben die nötige Portion Selbstdisziplin, Sie ließen die gesamte Wohnung schon während der Schwangerschaft (wir erinnern uns an die ausgeprägte Sinnentwicklung bei Embryos) systematisch verkommen. Sie haben richtig gelesen:

Wohnen Sie in einem Schweinestall!

Wenn das Kind merkt, dass es anderswo viel besser ist, will es weg – ganz klar! Damit sind die Schienen für einen reibungslosen und baldigen Auszug gleich von Anfang an gelegt. (Haha, Schienen – AusZug … wir sind uns schon zwei!)

Tipp: Zwei Wohnungen!

Wenn Sie es sich leisten können, dann legen Sie sich eine zweite Wohnung oder ein zweites Haus zu. Quasi als Refugium vor dem Kind. Die mit dem Kinderzimmer lassen Sie vergammeln und in der anderen leben Sie! Wenn Sie von Anfang an selten zu Hause sind, dann wird es später auch keine lästigen Fragen stellen.

Übungsaufgaben

Aufgabe 1: Wie lange dauert eine durchschnittliche Schwangerschaft?

a) 2 Tage (Der war gut! Wie, Sie meinen das ernst?)

b) ca. 20 Jahre (Wir haben Sie nicht nach der Leidensdauer gefragt!)

c) 9 Monate (»Was? So lange? Das überlegen wir uns aber noch gut!« und Sie haben recht.)

d) Eine Ewigkeit (Richtige Antwort!)

Aufgabe 2: Schreiben Sie die von uns vorgeschlagenen Namen auf Zettel und lassen einen von einem Passanten in Ihrem Wohnort ziehen!

Der Passant kann gar nicht falsch ziehen und Sie haben den Namensstreit verhindert!

Aufgabe 3: Welche Filme würden Sie während der Schwangerschaft nicht ansehen?

a) Kevin allein zu Haus (Haben Sie das letzte Kapitel wirklich gelesen? Oder nur die Bilder angesehen?)

b) Heidi (Richtig! Denn die zieht zwar kurzfristig aus, kommt aber am Schluss wieder nach Hause.)

c) Die Zehn Gebote (Hallo! Jedes Material über Jesus ist richtig! Wie? Jesus kommt da noch nicht vor? Moses? Ja wir sind eben Pädagogen und keine Theologen.

d) Rambo (Ja, schon! Aber sollten Sie alle anderen Filme angesehen haben, dann können Sie den ruhig weglassen!)

3. Die Geburt als Pionierstunde der Erziehung

Der erste Eindruck ist immer der wichtigste und prägendste!
Seien Sie versichert, dass Sie in diesem immens perfiden Moment auf dem güldenen Pfad der Mitte wandeln sollten, andernfalls können Sie gleich einen Platz in der Nervenheilanstalt buchen.
Wenn Sie Ihr Kind das erste Mal von Angesicht zu Angesicht zu sehen bekommen, dann seien Sie weder zu liebevoll noch zu gleichgültig oder abweisend. Vergessen Sie nie:

Ein Kind mit wenig Selbstvertrauen wird nicht ausziehen – ebenso wenig wie ein Kind, das zu sehr an den Eltern hängt!

Das erzieherische Zauberwort bei der Geburt (und bis zum möglichst raschen Auszug) lautet daher: Distanzierte Liebe!
Die distanzierte Liebe ist freundlich, aber bestimmt, liebend, aber nicht zärtlich. Lassen Sie sich inspirieren von der Beziehung eines Priesters zu seinen Schäfchen oder dem Augenblick, wenn ein Homophober von einem Mann umarmt wird, oder stellen Sie sich einfach vor, Ihr Kind wäre ein Arbeitskollege.

Tipp: Seien Sie mit Ihrem Kind per Sie!
Eine höfliche und förmliche Anrede ist die perfekte Austarierung zwischen Zu- und Abneigung. Nehmen Sie Ihr, nach stunden- beziehungsweise tagelangen höllischen Schmerzen zur Welt gebrachtes Neugeborenes auf den Arm, schauen Sie Ihm tief in die

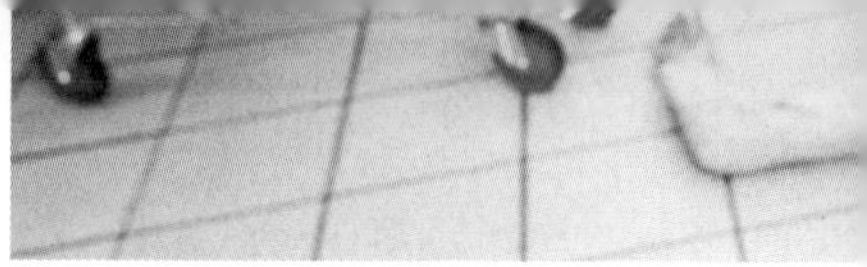

Augen und sagen Sie: »Guten Tag, mein Name ist Herr/Frau Musterbeutel und Ihriger wird fürderhin Unfall Musterbeutel sein. Ihr Name Unfall nimmt Bezug auf den Abend, an dem Ihre Eltern sich bei einer Party unter der Bar kennengelernt haben. Es freut uns, dass Sie sich entschlossen haben, einige Monate bei uns zu verbringen, wir wünschen Ihnen einen schönen Aufenthalt. Das Zimmer ist übrigens am Abreisetag bis spätestens 11 Uhr zu räumen.«

Geben Sie Ihrem Kind das Gefühl, dass es adoptiert worden und bei Ihnen für einen begrenzten Zeitraum zu Gast ist.
Natürlich können Sie für Ihre hohen materiellen und zeitlichen Aufwendungen bei der Geburt eine Entschädigung verlangen. Das Jahresgehalt eines Schwerarbeiters mit Gefahren-, Schmutz- und Nachtzulage erscheint uns dafür angemessen. Je nachdem, wie skrupellos Sie sind, können Sie damit entweder die Frage des Taschengeldes ein für alle Mal klären, oder Sie behalten die Geldgeschenke der Verwandtschaft und den Lohn diverser Ferialjobs ein.

3.1. Die Geburtsarten und ihre Auswirkungen

Auch die Art der Geburt darf nicht außer Acht gelassen werden. Je nachdem, wo und wie Sie gebären, wird das einen Einfluss auf die Entwicklung Ihres Kindes haben. Hier finden Sie eine Rangliste und hilfreiche Hinweise für Ihre Niederkunft.

Unser Spitzenreiter und einsamer Favorit ist:

1. Der geplante Kaiserschnitt

Der geplante Kaiserschnitt ist die didaktisch empfehlenswerteste Geburtsvariante. Bedenken Sie, dass es sich um eine Art Mitesser, Parasit oder manchmal auch Geschwür handelt, das operativ entfernt werden muss.

2. Das Bett

Durchaus empfehlenswert – verzichten Sie aber auf schmerzstillende Mittel. Den Geburtsschmerz können Sie Ihrem Kind ein ganzes Leben lang vorhalten.

3. Der Stuhl

Wenig empfehlenswert – machen Sie es sich nicht bequem. Der Begriff Nesthocker kommt nicht von ungefähr.

4. Die Badewanne

Nicht empfehlenswert – Sie bekommen ein Kind »Herrgott noch mal« und keine Behandlung in einem Wellnesshotel.

5. Die Hausgeburt

Daheim, ein wohliges warmes Licht, eine vertraute Umgebung und eine fürsorgliche Hebamme. – Da können Sie ebenso gut Ihre Haushaltsversicherung kündigen und Ihr Eigenheim anzünden.

6. Das Taxi

Wird immer wieder gerne in Erwägung gezogen, da es eine Vielzahl von Fakten in sich vereint, die später für ein Kind sicherlich viele Fragen aufwirft. Wieso bin ich nicht mit dem Rettungswagen in das Spital gefahren worden? Wollten meine Eltern überhaupt mit dem Taxi ins Krankenhaus? Wieso war die Entbindungsstation am anderen Ende der Stadt? Was für eine Automarke war eigentlich das Taxi? Ist der Taxifahrer mein wirklicher Vater?

7. Sonstwo

Damit sind alle anderen Orte gemeint, die eher unangenehm für eine Geburt sind, aber mit dem doppeldeutigen Satz enden: »Und plötzlich warst du da und niemand wusste, wieso.«

Übungsaufgabe

Aufgabe 1: Die Wehen setzen ein! Was gedenken Sie als Nächstes zu tun?

a) Sie glauben etwas Falsches gegessen zu haben. Das wird schon vergehen. (Gegessen? Na ja, auf jeden ist es etwas Falsches und in puncto »es wird vergehen« hoffen wir für Sie, dass es schon irgendwann geht!)

b) Sie rufen ein Taxi (gute Idee, aber behalten Sie die Rechnung und ziehen Sie die Summe vom ersten Taschengeld ab).

c) Sie legen sich ins Bett (auch prima! Tage, die schon schlecht beginnen, sollte man im Bett verbringen).

d) Sie läuten den Nachbarn, der Tierarzt ist, um vier Uhr in der Früh heraus und verlangen einen Kaiserschnitt (die beste Lösung – Arzt ist Arzt).

4. Freizeit und andere Fremdwörter (0–4 Jahre)

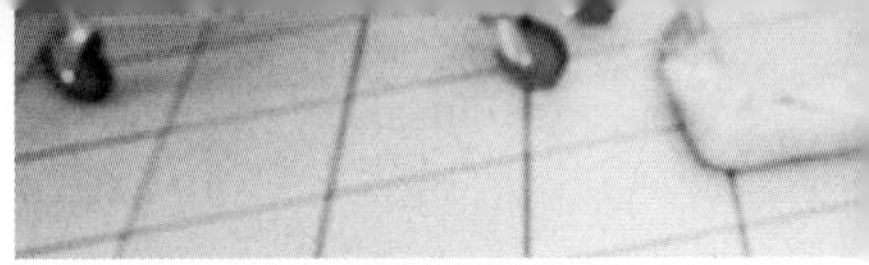

0–4 Jahre ist die schwierigste Zeit, um ein Kind loszuwerden. Gründe hierfür sind hauptsächlich das mangelhafte Geh- und Stehvermögen sowie das weitgehende Fehlen kognitiver Fähigkeiten. Deshalb sollten Sie vom ersten Tag weg ein umfassendes Trainingsprogramm durchziehen.

Auf den eigenen Beinen – auch mit drei Monaten, soll keine leere Phrase bleiben.

Lassen Sie sich von einem Fitnesstrainer beraten, wie Sie die Muskeln Ihres Kindes stählen und die Koordination unterstützen können.
Genauso wichtig wie die motorischen Fähigkeiten sind die kognitiven: Ein Kind, das keinen geraden Satz zustande bringt, wird weder Wohnung noch Job bekommen. Lernen Sie Ihrem Kind so schnell wie möglich Sprechen. Reden Sie andauernd mit ihm und fordern Sie es auf, das nachzumachen, egal wie doof das klingt. Kinder sind am aufnahmefähigsten, wenn sie gute Laune haben. Tragen Sie also dafür Sorge.

4.1. Sprachen

Sprechen Sie mit Ihrem Kind von Beginn an in mehreren Sprachen, damit es nicht ortsgebunden ist. Wichtige Sätze, die Ihr Kind in möglichst vielen Sprachen beherrschen sollte, sind nicht etwa:

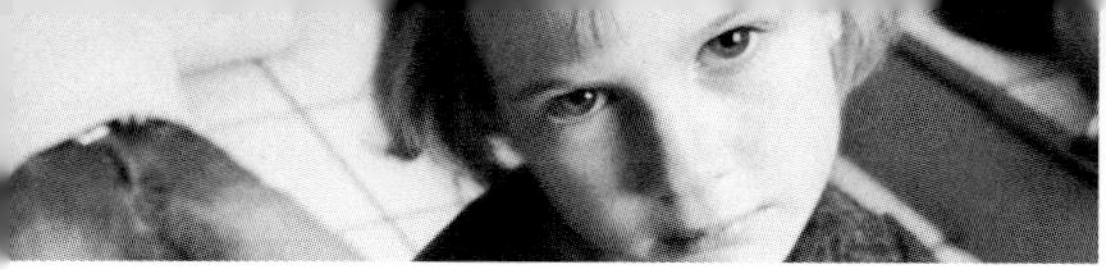

»Wie spät ist es bitte?«, »Wo ist denn das WC?« oder »Die Rechnung, bitte!«, sondern:

- **Nein, ich möchte nicht mehr nach Hause.**

No, non voglio più tornare a casa.

No, je ne veux plus tourner chez moi.

No, I don't want to go home anymore.

- **Meine Arbeitszeugnisse sind schon auf dem Postweg.**

I miei certificati di lavoro sono già in via di spedizione.

Les certificats du travail sont déjà par voie postale.

The working references are already on the post way.

- **Ich suche eine nette Zweizimmerwohnung, kann ruhig etwas Billigeres sein.**

Sto cercando un bel bilocale, può essere anche qualcosa di più economico.

Je cherche un appartement à deux pièces, mais il peut être aussi plus économique.

I'm looking for a two room apartment but it can be also less expensive.

- **Mein Reisepass wurde mir gestohlen.**

Il passaporto mi è stato rubato.

On m'a volé le passeport.

My passport has been stolen.

- **Für Geld tu ich alles.**

Per soldi faccio del tutto.

Pour l'argent je fais du tout.

For money I will do everything.

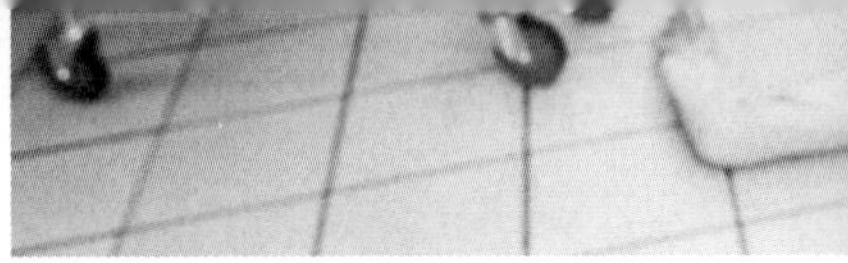

• **Ich bin stolz in Ihrem Land um Asyl anzusuchen.**

Sono fiero/-a di chiedere asilo nel Suo paese.

Je suis fier /fière de demander asile dans Votre pays.

I'm proud of asking asylum in your country.

• **Meine Eltern sind bei einem Autounfall ums Leben gekommen.**

I miei genitori sono morti durante un incidente in macchina.

Mes parents sont morts pendant un accident d'auto.

My parents died during a car accident.

• **Warum Reden, wenn Taten viel mehr bewirken können (auch Philosophie kann Türen öffnen).**

Perché parlare quando i fatti possono essere più producenti.

Pourquoi parler quand les faits peuvent être plus efficaces.

Why talking, when actions can produce much more.

• **Ich bin auf vier Millionen versichert.**

Sono assicurato /-a per 4 milioni.

Je suis assuré /-e pour 4 millions.

I am assured for 4 millions.

• **Natürlich bin ich volljährig.**

Ma certo che sono maggiorenne.

Bien sur que je suis majeur.

Of course I am of age.

• **Würden Sie mich auch ohne Ehevertrag heiraten?**

Mi sposerebbe anche senza un contratto matrimoniale?

Vous m'épouseriez aussi sans un contrat de mariage?
Would you marry me also without the wedding contract?

Viele Eltern haben in diesem Zeitraum auch Probleme mit der Familienstruktur. Die natürliche Rollenverteilung ist relativ einfach: Da gibt es zum einen den völlig überflüssigen und phlegmatischen Herrn der Augenringe (Vater) und zum anderen die depressiv-lethargische Milchkuh (Mutter); wenn Sie nicht stillen, lassen Sie die Milchkuh weg.
Der Herr des Hauses ist selbstverständlich Ihr Kind und das Institut, bei dem Sie Ihren Kredit laufen haben.

Das Kind hat Bedürfnisse und Sie müssen diese befriedigen, und zwar jederzeit sofort, wie ungünstig Ort und Zeitpunkt auch sein mögen. Daran dürfen Sie aber nicht verzweifeln. Versuchen Sie das Ganze als sportliche Herausforderung zu sehen, nehmen wir zum Beispiel das Schreien. Stopfen Sie sich Watte in die Ohren, denn:

Schreien ist gut!

Schreien ist gut für die Lunge und eine gute Lunge macht unabhängig. Nur wer viel schreit, wird sich später durchsetzen können.
Mit dem Hungergefühl des Kindes ist nicht zu spaßen. Anfangs scheint es so, als ob die Abstände zwischen den Mahlzeiten immer kürzer werden würden. Sorgen Sie aber dennoch für ausreichend

Nahrungszufuhr. Denn diese beschleunigt den Loslösungsprozess ungemein, jedoch seien Sie gewarnt; Übermut tut selten gut:

Die Trägheitskraft ist ungleich größer als der Ausziehwille!

4.2. Erste Ernährung:

Essen heißt ausziehen! Diesen Leitspruch sollten Sie sich in den ersten Jahren täglich vor Augen führen. Ein wohlernährtes Kind hat die Kraft, in dieser feindlichen Welt zu überleben, was so viel heißt, dass es sich hoffentlich früher als später vom Acker macht. Die richtige Dosis Spurenelemente, Mineralien oder Ballaststoffe sind wichtig, um diesen Vorgang zu beschleunigen. Jedoch bietet die herkömmliche Baby- bzw. Kindernahrung nicht die ausreichende Menge dieser Inhaltsstoffe, um möglichst schnell zu dem gewünschten Ziel zu kommen.

Sie sollten also ein Auge darauf haben, was Ihr Sprössling in dieser Zeit zu sich nimmt. Jetzt können Sie die Ernährung ihres Kindes noch steuern, später so ungefähr ab Kapitel 6 schaufelt Ihr Kind nur Sachen in sich rein, die neben dem mangelnden Gesundheitswert auch den körperlichen Trägheitswert so steigert, dass an ein Ausziehen ohne gröbere Abriss- oder Baumaßnahmen nicht mehr zu denken ist. Also achten Sie darauf, Ihrem Jüngsten nur das Beste zukommen zu lassen.

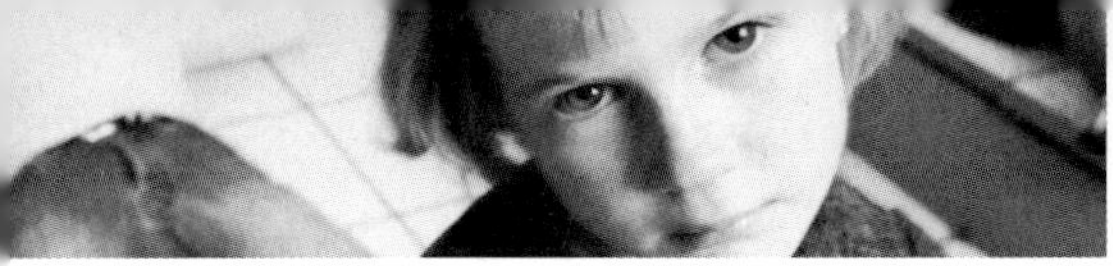

Oft wissen die Kleinen schon selbst, was für sie gut ist (dieses Wissen verliert sich allerdings mit zunehmendem Alter). Hier einige gesunde Beispiele für körper- und abwehrkräftestärkende Nahrungsergänzungen:

1. Sand – der Klassiker

Jedes Kind gönnt sich gerne mal einen herzhaften Biss in die Sandkiste, um den eigenen Mineralhaushalt aufzuwerten. Also verhindern Sie dies nicht, indem Sie die Innenfläche Ihrer Hand ruckartig auf die Außenfläche der Futterhand Ihres Kindes zubewegen, sondern unterstützen Sie das Vorhaben durch Verbesserung der Nahrungszufuhr z. B. durch den Kauf einer Schaufel.

2. Schnecken oder der Gourmetkenner

Feinschmecker unter den Jüngsten von uns wissen, was gut ist! Escargot, im Fachjargon, sind für viele eine Delikatesse, die meist mit einer höheren Rechnung verbunden ist. Da sind unsere »Null-bis-Vierjährigen« uns um einiges voraus, wenn sie die Schnecken da zu sich nehmen, wo sie noch hundertprozentig frisch und biologisch einwandfrei sind (im eigenen Saft – lecker!).

3. Marienkäfer oder andere Insekten

Wer von Ihnen, liebe Eltern, schon einmal einen Marienkäfer probiert hat, weiß, dass nicht immer alles mundet, was schön garniert ist. Der Marienkäfer ist zwar äußerst appetitlich anzusehen, jedoch bitter im Geschmack, aber unheimlich gesund und viel wertvoller als ein kleines Steak. Also versuchen Sie Ihrem Kind Marienkäfer und andere wenig schmackhafte Insekten durch Beigabe von sogenannten Geschmacksverzerrern (wie Pudding, Schokolade usw.) pikanter zu verfeinern!

4. Fäustchen, Zehen und andere Gliedmaßen

Von dieser Ernährung ist vollkommen abzuraten, da sie eine Frühform des Kannibalismus darstellt, die sich vorerst auf das eigene Ich beschränkt, allerdings später in die »Du schmeckst aber auch nicht schlecht«-Form übergeht! Also wenn Ihr Säugling das nächste Mal am Fäustchen kaut oder am eigenen Zeh lutscht, raus aus dem Mund und schnell Dinge aus Punkt 1 bis 3 reingestopft.

Dies sind natürlich nur einige Hinweise, um die Ernährung Ihres Kindes zu komplettieren. Für weitere Hinweise fragen Sie bitte Ihren Gärtner oder Biologen. Um diesen Nährstoffüberfluss aber auch richtig aufnehmen zu können, ist es unumgänglich, Ihr Kind einem Mittagsschläfchen zu unterziehen.

Wenn Sie Probleme haben, Ihr Kind zum Einschlafen zu bringen, gibt es nichts Besseres als ein »Gute-Nacht-Lied« wie zum Beispiel:

Lauf, Kindlein, lauf.
Der Vater macht einen drauf.
Die Mutter will einen anderen Mann.
Alleine wärst du besser dran.
Lauf, Kindlein, lauf.

Beim Thema Wickeln müssen Sie durch. Eine mögliche Frühförderungsvariante ist, dass Sie bei jedem Wickeln betonen: »Na gut, das ist aber das letzte Mal. Bei nächsten Mal machst du (machen Sie) es selber.«
Natürlich machen es in 99 % der Fälle Sie und das lässt Sie vermutlich inkonsequent erscheinen, aber: Die Konsequenz ist ein Aspekt der Erziehung, der in der Vergangenheit ein viel zu hoher Stellenwert beigemessen wurde. Und wenn sich das Kind das nächste Mal tatsächlich selbst die vollgekackte Windel wechselt: Heureka!!!

Besorgen Sie sich kein Babyphone, sondern eine komplette Überwachungsanlage. Überwachung ist ein Muss, das hat sich schließlich auch in der Politik in [redacted], wo [redacted] alles über jeden weiß, bewahrheitet.
Nur wenn Sie wissen, was Ihr Kind abseits der Elternaugen macht, können Sie immer einen Schritt voraus sein.

Weihnachten, Geburtstage und anderer Unsinn

Bereiten Sie Ihrem Kind keine Überraschungen und machen Sie ihm keine Geschenke. Sie machen sich nur selbst etwas vor, wenn Sie die Meinung vertreten: »Aber es ist so schön, wenn die Kinderaugen leuchten.«

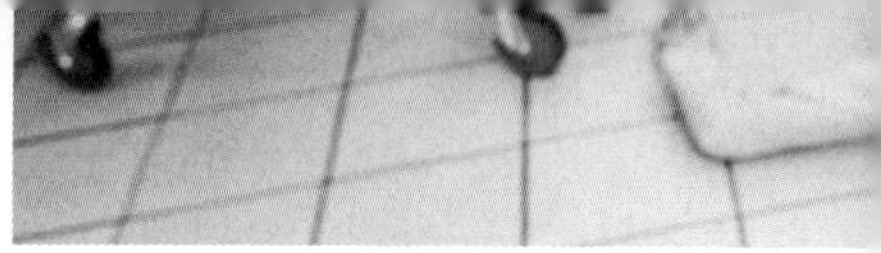

Kinderaugen leuchten von ganz alleine.

Da nützt ein Weihnachtsbaum oder ein Überraschungsfeuerwerk genau gar nichts. Im Falle, dass die Augen Ihres Kindes einmal nicht leuchten sollten, dann ist das höchstens ein Grund, einen Augenarzt aufzusuchen. Sie können Ihrem Kind auch keine Freude damit machen und sich selbst noch viel weniger.

Hier einige Beispiele, wie sie nur das Leben schreiben kann, um dies zu untermauern:

Vater(V): *Mein Sohn! Du hast Geburtstag heut!*

Kind(K): *Ich weiß!*

Mutter (M): *Wir haben ein ganz tolles Geschenk für dich!*

V: *Und wir haben es versteckt!*

K: *Toll!*

M: *Ein bekannter Maler hat dir eine Schatzkarte gezeichnet, damit du sie auch bestimmt findest.*

K: *Sonst noch was!*

V: *Das X markiert die Stelle!*

K: *Das ist mir zu blöd. Ich geh ins Piercingstudio!*

ODER:

K: *Hey ihr beiden! Wo seid ihr denn?*

um es möglichst schnell wieder loszuwerden

M: *Was ist denn los?*

V: *Warum schreist du denn so?*

K: *Wo sind meine Geschenke? Ich habe heute Geburtstag. Ich hoffe, ihr habt das nicht vergessen.*

V: *Aber natürlich nicht, mein Bärli. Da schau her. Es ist alles da, was du dir gewünscht hast!*

K: *Das gefällt mir nicht mehr, das ist zu billig und das zu klein. Ich gehe jetzt in mein Zimmer und wenn ich wiederkomme, erwarte ich, dass ihr die Sachen umgetauscht habt.*

ODER:

V+M: *Überraschung!!!*

K: *Uuuaaaah!!!*

V: *Was ist denn mit dir? Warum bist du so bleich?*

M: *Halt sie mal fest, ich glaube, sie wird ohnmächtig.*

V: *Das wird doch kein Herzinfarkt sein. Sie ist doch erst elf.*

M: *Ich ruf mal die Rettung. Na das ist ja eine schöne Bescherung.*

Noch Fragen?

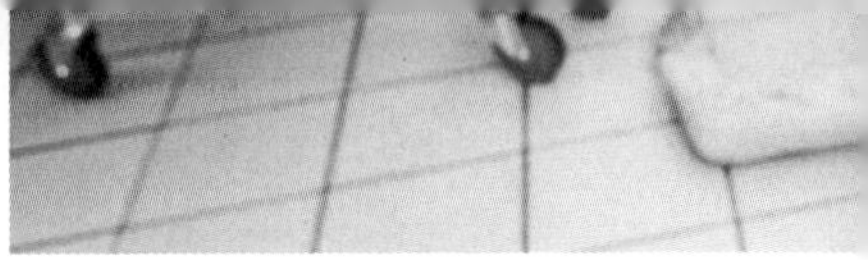

Übungsaufgaben

Aufgabe 1: Welche Sprache lernen Sie mit Ihrem Kind?

a) Russisch. (Sehr guter Ansatz! Russland ist weit weg.)

b) Deutsch. (Hallo? Wohin soll Ihr Kind denn mit Deutsch emigrieren? Nach Mallorca vielleicht?)

c) Babysprache. (Nicht optimal, denn die Babysprache wird erst dann wieder gesprochen, wenn man selbst ein Baby hat.)

d) Alle oben angegebenen Sprachen. (Sie sind am richtigen Weg, denn die Chancen muss man so hoch wie möglich halten.)

e) Noch mehr Sprachen als oben angegeben. (Wir sind beeindruckt!)

Aufgabe 2: Vervollständigen Sie folgenden Satz: Die Trägheitskraft ist größer als ...

a) Ich. (Sie sollten nicht immer alles so persönlich nehmen.)

b) die Gewichtskraft. (Sie sind Physiker! Zurück nach Kapitel 1.)

c) »Ist das jetzt ein Test?« (Nein, das ist ein Gewinnspiel und die richtigen Buchstaben ergeben das Lösungswort, das Sie in umgekehrter Reihenfolge auf unseren Anrufbeantworter

sprechen, während Sie eine Postkarte mit dem dreistelligen Zugangscode an Ihre Tante schicken.)
d) der Ausziehwille. (Falsch! Der richtige Satz lautet nämlich: Die Trägheitskraft ist ungleich größer als der Ausziehwille. Sie sollten dieses Buch schon genau lesen!)

Aufgabe 3: Ihr Kind sitzt im Sandkasten und stopft seelenruhig Sand in sich hinein. Was tun Sie?
a) Ich nehme die Herausforderung an und schaufle auch jede Menge Sand in mich hinein. (Das ist kein Wettbewerb! Außerdem hat Ihr Kind noch keine Zahnlücken, worin Schiefer und Quarz gerne hängen bleiben.)
b) Sie reichen Ihrem Liebsten etwas Wasser um das Ganze runterzuspülen. (Bravo! Vielleicht verfeinern Sie den Sand noch mit ein paar proteinhaltigen Insekten.)
c) Panisch zerren Sie Ihr Kind aus dem Sandkasten, pumpen den Magen aus und starten eine Reanimation. (Nur richtig, wenn Ihr Schatz schon gestern Sand gehabt hat. Er soll sich doch nicht überfressen!)

5. Der Kindergarten als Erlösung (4–6 Jahre)

Hosianna, Glückwunsch und Berg Heil!!!
Sie haben es geschafft! Die erste große Hürde ist bewältigt, und wenn Sie diese Zeilen lesen können, leben Sie auch noch! Nun ist es endlich so weit, es folgt ein Augenblick höchster Glückseligkeit, den Sie nie vergessen werden und von dem Sie noch lange zehren können.

Die Strapazen der vergangenen Jahre verschwinden im Nebel der Endorphine, denn heute ist der erste Tag des Kindergartens. (Später wird auch diese Institution zur Last werden, weil Ihr Kind Blödsinn machen wird, den Sie ausbügeln müssen.) Aber dieser erste, dieser eine Tag wird das Wunderbarste in sich bergen, das Sie seit langer Zeit erlebt haben.
Es warten Momente höchster Beseligung auf Sie, wenn Sie zum ersten Mal Ihr Kind weggeben können – in die Obhut und Verantwortung anderer.

Lassen Sie es sich also nicht nehmen und bringen Sie Ihr Kind höchstpersönlich an die Himmelspforte!

Genießen Sie diese ersten Schritte Ihres Kindes von Ihnen weg. Leihen Sie sich vielleicht von einem Ihrer kinderlosen Freunde eine dieser überteuerten Videokameras und erleben Sie es in Zeitlupe. Es wird ein Fest sein!

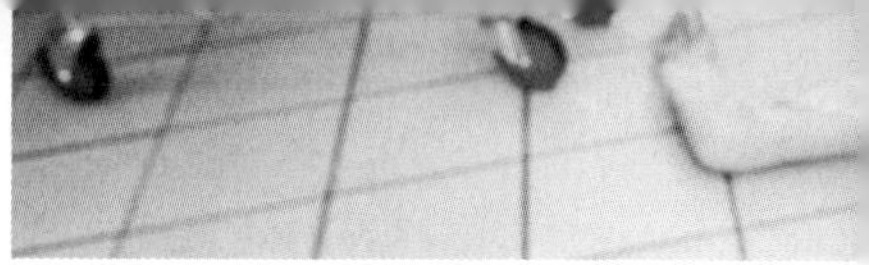

Wenn Sie wieder Herr Ihrer Sinne sind und Ihren vor Wonne starren Körper wieder bewegen können, gehen Sie nicht aus, sondern fahren Sie nach Hause. Öffnen Sie die Eingangstür, erfahren Sie ein kinderloses Eigenheim und feiern Sie. Gönnen Sie sich etwas nicht zu Kostspieliges (Ihre finanzielle Situation wird sich auch weiterhin nicht bessern) – Sex zum Beispiel, wenn Sie noch wissen, wie es geht, und Sie bereit sind, das Risiko auf sich zu nehmen – Sie wissen ja, was dabei passieren kann. Nehmen Sie am besten gleich mehrere Kondome. Zwei bis drei sollten reichen, um zum einen die Angst vor einer erneuten Schwangerschaft im Zaum zu halten und um zum anderen noch so was wie Lust zu verspüren.

5.1. Gedichte

Gedichte sind in diesem Alter bei Kindern sehr beliebt. Der erzieherische Wert lässt allerdings meist zu wünschen übrig. Hier deshalb ein paar Beispiele für höchste didaktische Dichtkunst:

Hier drin ist es so stinkig,
dort draußen wäre ich froh
wär ich bloß nicht so winzig,
wär ich schon weiß Gott wo!

Sonne, Mond und Sterne,
hört aus weiter Ferne:
Meine Familie ist ein Graus,
nächste Woche zieh ich aus!

Liebes Jesulein,
lass mich alleine sein!

Vogel, Hund und Katze,
die wissen es ja auch:
Allein auf der Matratze –
das ist bei ihnen Brauch.

Ob Könige, ob Bauern –
es wird nicht lange dauern,
dann sag ich diesen Reim
in meinem eignen Heim.

Falls man das Kind mal auf Demonstrationen mitnehmen will:
Liebe AK und ÖGB:
Kinderarbeit ist okay.

Der Leitspruch für alle Betriebe:
Wir sind uns nicht zu minder.
Hier arbeiten auch Kinder.

Im Alter von 4 bis 6 Jahren, aber auch noch von 6 bis 10 haben die Kinder eine große Fantasie und können sich vorstellen, alles Mögliche zu werden. Es ist dies die gefährliche Zeit der

5.2. Ein-Tages-Hobbys

Eigentlich fängt alles ganz harmlos an. Ihr Kind kommt zu Ihnen und sagt wieder einmal etwas Belangloses, wie: »Wenn ich einmal groß bin, werde ich ein Pianist.« Möglicherweise haben Sie die Muße und hören ihm wirklich zu, dann werden Sie sich logischerweise Gedanken über die Anschaffungskosten eines Klaviers

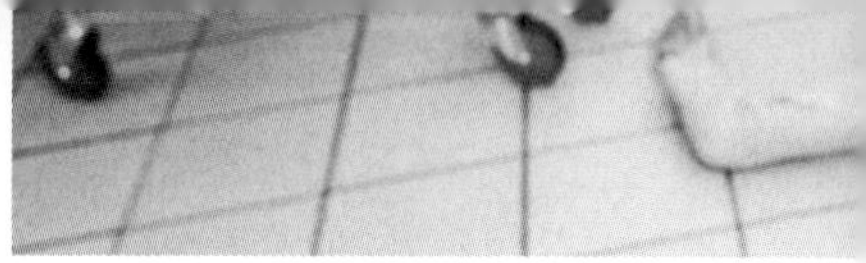

machen und Angstschweiß wird aus Ihren Poren strömen wie Wasser aus einem Feuerwehrschlauch. Das ist ein Fehler, denn:

Ihr Kind kann Ihre Angst riechen!

Und zwangsläufig wird sein nächster Satz folgendermaßen lauten: »Kaufst du mir ein Klavier?«

Achtung: Wenn Sie jetzt »Nein« sagen, dann haben Sie endgültig verloren. Merken Sie sich:

Wenn Sie eine Bitte Ihres Kindes ablehnen, wird das nur eine Herausforderung für selbiges sein!!!

Wenn Sie jetzt wirklich »Nein« sagen, dann greift das Kind tief unter die Gürtellinie und holt seine gefährlichste und bösartigste Waffe hervor: Psychoterror!

Im Sekundentakt wird es die Frage wiederholen. Dem Kind ist es völlig egal, ob es Stunden, Tage oder Monate dauert, ob Sie am WC sind, auf der Straße, in einem Meeting, schlafen oder Japanisch lernen wollen. Wie eine Klette wird es sich an Sie heften und ein monotones Stakkato von »Kaufst du mir ein Klavier? Kaufst du mir ein Klavier? Kaufst du mir ein Klavier? Kaufst …«, wird auf Sie herabprasseln. So lange, bis Sie schwach werden – und glauben Sie uns, das werden Sie.

Dabei spielt es nämlich keine Rolle, ob Sie in Ihrem Leben schon das Gefangenenlager von Guantanamo ohne Schaden überlebt haben – Ihr Kind hat den längeren Atem als Sie und das weiß es auch. Es hat ein Ziel vor Augen und das will es erreichen.

Nach einer gewissen Zeit ist das Klavier gar nicht mehr so wichtig. Das Kind will dann hauptsächlich, dass Sie eingehen wie eine unbewässerte Pflanze. Oft nützen die Kinder auch das gesellschaftliche Umfeld hinterhältig geschickt aus. Denn irgendwann sagt auch der völlig fremde und genervte Mann im Bus neben Ihnen: »Jetzt kaufen Sie ihm doch ein Klavier – hier haben Sie fünf Euro.«

Das Schlimmste aber kommt erst noch. Nachdem Sie, psychisch restlos am Ende, das Handtuch geworfen haben, wird Ihr Lendenspross das Instrument, oder was auch immer er unbedingt wollte, genau einen Tag lang benutzen – nicht mehr und nicht weniger. Auf Ihre zu Recht entsetzte Frage, wieso es nicht mehr Klavier spielt, werden Sie nur ein Schulterzucken und ein »Mag nicht mehr« ernten.
Den Kindern genügt es nicht, zu gewinnen – nein, sie wollen Sie richtig fertig machen. Denn am nächsten Tag werden Sie diesen Satz zu hören bekommen: »Wenn ich einmal groß bin, dann werde ich ein Springreiter!«

Wie können Sie sich vor diesem nicht enden wollenden Teufelskreislauf schützen? Es gibt drei Möglichkeiten:

a) Sagen Sie »Ja« zum »Ein-Tages-Hobby«

Wenn Ihr Kind zu Ihnen sagt: »Wenn ich einmal groß bin, dann werde ich Pianist!«, warten Sie nicht ab, bis der Satz kommt: »Kaufst du mir ein Klavier?«, sondern täuschen Sie einen enthusiastischen Anfall vor. Rufen Sie laut »Hurra – das ist eine fantastische Idee!« und tanzen Sie hysterisch im Zimmer herum. Gehen Sie sofort zum Telefon und tun Sie so, als würden Sie ein Klavier bestellen. Drücken Sie Ihr Kind ein bisschen fester als nötig und sagen Sie: »Du weißt ja gar nicht, wie mich das freut. Ich hab dich gleich zum Klavierunterricht angemeldet, bei einer ganz netten Lehrerin, die auch schon deine Großmutter unterrichtet hat. Die Stunden sind jeden Tag von 6 bis 7 Uhr früh vor der Schule und abends von 6 bis 9. Ein Pianist – großartig!«

In den meisten Fällen wird nicht einmal die erste Unterrichtsstunde nötig sein, damit Ihr Kind das Interesse verliert.

Ihr Kind will nichts, was Sie auch wollen!

Und wenn es tatsächlich danach fragen sollte, dann ist das bestellte Klavier – »so eine Frechheit« – fälschlicherweise nach Sizilien geliefert worden und dort spurlos verschwunden.

b) Jetzt haben wir für das Instrument einen Kredit aufgenommen und ...

... du wirst jetzt nicht aufhören! Der Zwang zum Guten ist eine wichtige Erziehungsmethode, da Ihr Kind mit diesem Alter (eigentlich mit keinem Alter, erst wenn es ausgezogen ist) nicht weiß, was gut für es ist. Später, wenn es reifer ist, wird es erkennen, dass ... Ach vergessen Sie das! Nichts wird es erkennen, aber es geht darum, dass Sie versuchen, wenigstens die Kosten für das Instrument halbwegs hereinzubekommen.

Ein Musterbeispiel dafür ist Leopold Mozart, der Vater von dem kleinen Wolfgang Amadeus. Er ließ seinen Sohn nächtelang üben, bis dieser zum »Genie« mutierte. Humbug! Es ging Leopold nur darum, mit seinem Sohn groß abzuräumen. Wer sich mit der Geschichte genauer auseinandergesetzt hat, weiß, dass W. A. Mozart im zarten Knabenalter schon einige Monate »Klavierkonzerttourneen« über sich ergehen lassen musste, um das Klavier, die Wohnung, die Kutsche, das überschwängliche Leben, den Griechenlandurlaub und Sachen, von denen wir noch gar nichts wissen, seines Vaters finanzieren zu können.
Wieso sollte Ihr »Wunderkind« also nicht seinen Beitrag (und am besten Ihren gleich dazu) am Urlaub in der Karibik leisten?

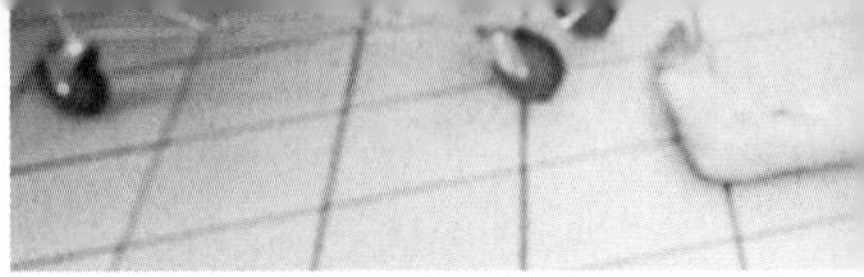

c) Ignorieren Sie Ihr Kind

Wenn Sie Ihrem Kind von Anfang an nicht zuhören, wird es Ihnen auch nicht mit den »Ein-Tages-Hobbys« auf die Pelle rücken. Zudem gehört »aktives Weghören« ohnehin zu den Grundsäulen der Erziehung.

5.3. Märchen

Die meisten Märchen sind verstaubt und pädagogisch praktisch nicht mehr verwertbar. Deshalb bieten wir Ihnen die Möglichkeit einer hochmodernen und interaktiven Märchenstunde. Wissenschaftler haben nämlich herausgefunden, dass es nicht nur wichtig ist, was Sie dem Kind vorlesen, sondern viel mehr noch, wie Sie das tun. Hier nun ein erster Prototyp eines solchen Märchens:

Es war einmal vor langer, langer Zeit. Da gab es ein kleines Mädchen, das mit seinen sieben Jahren immer noch nicht von zu Hause ausgezogen war.
(Machen Sie an dieser Stelle eine bedeutungsschwangere Pause und schütteln Sie »tssstend« den Kopf.)
Es lebte zusammen mit seinen Eltern in einer versifften Wohnung.
(Heben Sie den Kopf, schnüffeln Sie ein bisschen in der Wohnung herum und sagen Sie laut und deutlich: »Wieso stinkt es hier immer so?«)
Alle waren total unglücklich. (Schniefen Sie.)

Doch eines Tages passierte etwas Wunderbares.

(Setzen Sie sich auf und sagen Sie: »Oha, jetzt bin ich aber mal gespannt, was jetzt kommt.«)

Das kleine Mädchen ging fort und heuerte auf einem Schiff an.

(Ein anerkennender Pfiff reicht hier vollkommen.)

Die Eltern konnten sich nun eine schöne neue Wohnung leisten und zogen um.

(Sagen Sie erstaunt: »So einfach kann das also sein.«)

Und das kleine Mädchen wurde bald Kapitän.

(Betonen Sie die drei Silben von »Ka-pi-tän« einzeln und sagen Sie es so, als hätten Sie eine Marienerscheinung.)

So lebten alle glücklich und zufrieden.

(Lehnen Sie sich zurück und stellen Sie befriedigt fest: »Was für ein mutiges Mädchen.«)

Das Geschlecht des Kindes in der Geschichte müssen Sie selbstverständlich auf das des Subjektes, das Sie loswerden wollen, abstimmen. Wenn Sie mit Ihrer Geschichte überzeugend waren, dann können Sie getrost einen Immobilienmakler kontaktieren und Ihr Traumhaus planen.

Ad Märchen:

Überhaupt geben uns einige der alten Märchen sehr gute Anregungen im Umgang mit unseren Kindern. Drei der bekanntesten Märchen eignen sich ganz besonders als pädagogisches Mittel, um zu zeigen, dass das Verlassen des Elternhauses gar nicht so schlecht ist.

Rotkäppchen

Mutig macht sich das tapfere Mädchen allein auf den Weg zu seiner Großmutter. Diese reizende Mär verdeutlicht uns im Wesentlichen drei Dinge:

1. Frühzeitig klärt die Geschichte junge Mädchen darüber auf, was passiert, wenn man sich unterwegs von den falschen Typen anquatschen lässt.

2. Gerade Großmütter dürfen – auch im Falle der Bettlägerigkeit – verstärkt in die Erziehungsarbeit mit eingebunden werden.

3. Ist man in der Dämmerung unterwegs, sollte man aus Gründen der Verkehrssicherheit Signalfarben tragen.

Hänsel und Gretel

Die armen, armen Eltern haben leider überhaupt keine andere Wahl, als ihre zwei Knilche auf den eigenen Weg zu schicken – und gewiss nicht zum Schaden der beiden Halbwüchsigen. Das Märchen zeigt uns eindrucksvoll, wie einfach es ist, sich bei einer alleinstehenden, schon etwas verwirrten alten Frau einzunisten und nach deren nicht ganz zufälligem Dahinscheiden die ganze Immobilie mit allen Lebkuchenvorräten zu erben. Leider gibt es kein Happy End bei dieser Geschichte: Sie kehren ja bekanntlich zu ihren Eltern zurück!

Schneewittchen

Die Geschichte vom wunderhübschen Mädchen mit Haaren wie Ebenholz usw. und die Geschichte ihrer nicht minder attraktiven Stiefmutter, welche für die Erziehungsarbeit ihre besten Jahre geopfert hat, bis sie die undankbare, eitle Göre schließlich völlig zu Recht an die frische Luft setzt. Und ist es vielleicht zu Schneewittchens Nachteil? Frei wie ein Vogel spaziert diese über alle Berge, experimentiert mit neuen Formen des Zusammenlebens in einer WG mit gleich sieben Kerlen, lebt gesund, isst viel Obst und heiratet schließlich die beste Partie von hier bis Disney-World.

5.4. Muttertag, Kinderzeichnungen und Basteleien

So hilfreich auch die Kindergartenzeit ist, so grausam sind die so genannten postnatalen Traditionen und Bräuche, mit denen sie von den strebsamen Kindergartentanten bombardiert werden. (Wir haben uns erkundigt! Sie wollen eigentlich nicht als Tanten bezeichnet, sondern beim Vornamen genannt werden. Also bei Claudia z. B. Kindergartenclaudia.)

Seien Sie versichert, dass Kinder im Kindergarten nicht aus freiem Willen und um Ihnen Freude zu bereiten, etwas Selbstgebasteltes

mitbringen oder ein Gedicht auswendig lernen, sondern dass dies eine Kooperation der Wirtschaft und der Kindergärtnerinnen darstellt, um die tote Zeit zwischen Weihnachten und Ostern zu überbrücken. Ihr Kind weiß genau, dass Sie sich über jeden Blödsinn freuen (oder so tun), den es nach Hause bringt.

Nehmen wir zum Beispiel den Muttertag. Ihr Kind ist mit diesem Alter noch nicht in der finanziellen Situation, Ihnen etwas zu kaufen. Also zwingt man das Kind aus rosa Salzteig ein Herz zu formen und sein Patschhändchen reinzudrücken. Und wie Sie sich als Mutter freuen, wenn am Muttertag ein unförmiger harter rosaroter Klumpen mit nur vier Fingerabdrücken ausgepackt wird. Doch denken Sie daran: **Spielen Sie mit!**

Ihr Kind testet Sie! Bei dem geringsten Zweifel, dass Sie sich darüber nicht freuen (oder wenigstens so tun als ob), kommt es zu einer Art Bastelneurose, die sich über die nächsten Jahre hinziehen kann. Wenn Sie also nicht Zubaupläne haben oder eine Lagerhal-

le anmieten wollen, sollten Sie schon ein sanftes Lächeln auf Ihre Lippen zaubern.

Ebenso verhält es sich mit Kinderzeichnungen. Hat Ihr Kind schon ein Portrait von Ihnen gemalt? Komisch, dass es Ihnen nicht ähnlich sieht, aber Ihr Kind sieht Sie so: Als Monster mit Glubschaugen und messerscharfen Zähnen. Beschönigen Sie diese Sache nicht. Betrachten Sie es als Hilfe, sich von Ihrem Kind emotional zu lösen, und sehen Sie es als Freund, bei dem man froh ist, wenn er bald wieder geht. Außerdem, seien Sie ehrlich! Wenn Sie Ihr Kind zeichnen würden, so wie Sie es sehen, würde es auch wie frisch aus einem Horrorfilm entsprungen aussehen.

Fazit: Alles Selbstgebastelte ist schön und da die Mnemotechnik eines Kleinkindes unterentwickelt ist, können Sie von Zeit zu Zeit wieder ein paar »Geschenke« verschwinden lassen, ohne dass es auffällt. Aber bitte nicht wegwerfen, sondern für eine gewisse Zeit zwischenlagern, falls Ihr Kind einen hellen Moment hat und wissen möchte, wo denn eigentlich der selbst bemalte Kochlöffel hingekommen ist. Los werden Sie den ganzen Kram erst, wenn Ihr Kind auszieht. Dann kann man diese haptischen Wunderwerke mitgeben oder gegebenenfalls bei ebay versteigern (z. B. als Handabdruck des jungen Jesus oder Patientenzeichnung von Sigmund Freud).

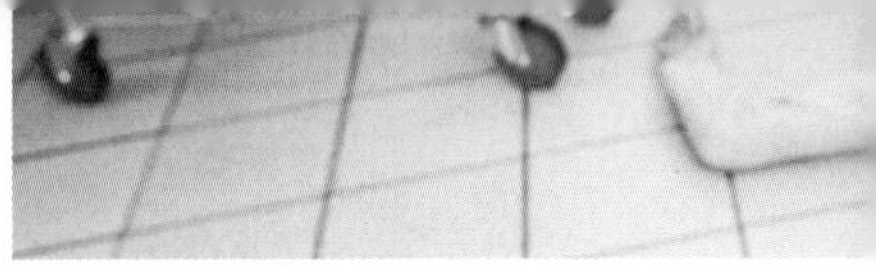

Tipp: Oma und Opa

Wer weiß denn besser, wie man Kinder erzieht, als Ihre eigenen Eltern! Wieso nicht einen Pädagogiktag bei den Großeltern einlegen, denn die wissen ja immer alles besser. Als Erziehungslaie ist es nie schlecht, ab und zu seine Kinder zu Fachleuten zu schicken. Sie werden sehen: nach einem für Sie sehr erholsamen Tag kommen die Kinder wie ausgewechselt zurück. Sie haben wieder gelernt, was sie an Ihnen und Ihrem Zuhause haben. Jedoch hält dieser positive Effekt nicht länger an, sodass es vonnöten ist, Ihr Kind immer wieder mal zu den Großeltern zu schicken, wenn es unausgeglichen ist. Je größer Ihr Sprössling wird, umso schwieriger wird es, diese Therapie durchzusetzen bzw. umso kürzer wird die Anhaltezeit. Darum raten wir Ihnen zwischendurch zu einer aggressiveren Vorgehensweise, bei der Sie ohne Ihre Kinder auf Urlaub fahren.

Wie Sie mit Ihrem Kind Geld verdienen können:

• Schauspieler

Es gibt tatsächlich Schauspieler, die glauben, Säuglingslulle wäre gut für ihre Stimmbänder ...

• Die Plazenta

ist heiß begehrt in der Pharmabranche, wird aber sicherlich auch in jedem Chinarestaurant ohne mit der Wimper zu zucken serviert ...

• Verkaufen Sie Ihr Kind!

Nichts leichter als das: Gehen Sie mal mit einem kleinen Kind spazieren und Sie werden binnen kürzester Zeit umringt sein von Dutzenden enthusiastischen, teils sabbernden, teils hysterisch streichelnden Frauen (»Bub oder Mädel«, »Wie schwer war er/sie denn?«, »Wie ist es in der Nacht?«, »Bekommt er/sie da schon Luft?« etc.), denen eine erneute Schwangerschaft zu beschwerlich ist (siehe auch Kapitel Schwangerschaft).

• Vermieten Sie Ihr Kind

Und zwar an Single-Männer, die mal wieder einen Aufriss nötig haben. Es gibt nichts, das aphrodisierender wirkt als Männer mit einem kleinen Kind (siehe oben).

• Verlangen Sie Eintritt!

Nach der Geburt werden die Besucherströme wochenlang nicht abreißen. Alle Ihre Verwandten und Bekannten, aber auch viele Leute, die Sie gar nicht kennen, werden kommen. Alle wollen sich den neuen Erdenbürger ansehen und Ihnen entweder gratulieren (Heuchler), Sie beneiden (Kinderlose), Sie auslachen (1 bis 2 Kinder) oder Ihnen kondolieren und Sie bemitleiden (3 und mehr Kinder).

Verlangen Sie also ein, zwei Euro Eintritt und Sie werden sich vor allem an den Großeltern des Kindes dumm und dämlich verdienen.

- **Werbefernsehen!**
Gehen Sie mit Ihrem Kind zu einer Castingagentur und seien Sie unkompliziert. Vermeiden Sie Sätze wie: »Ich möchte nicht, dass er/sie das macht«, »Das isst er/sie nicht.« oder »Er/Sie kann kein Blut sehen« und Sie werden sich bald an der Gage einiger Drehtage erfreuen können.

Übungsaufgaben

Aufgabe 1: Lernen Sie eines der geeigneten Gedichte auswendig!

a) Ich habe alle auswendig gelernt. (Sie Angeber! Sie waren wohl immer Klassenbester und es wurde Ihnen in die Schultasche uriniert.)

b) Wieso soll ich die auswendig lernen? Das soll mein Kind machen. (Sie besitzen perfekte pädagogische Grundkenntnisse.)

c) Ich hasse Gedichte. (Aber, aber! Es geht hier nicht um Poesie, sondern um Erziehung! Also lernen Sie gefälligst ein Gedicht, sonst gibt es Hausarrest!)

Aufgabe 2: Welches Ein-Tages-Hobby würden Sie dulden?

a) Rauchen (Spitze! Sie verknüpfen unsere Ratschläge zu einem pädagogischen Turmbau zu Babel.)

b) Klavierspielen (Oje! Sie übernehmen sich wohl gerne finanziell. Mundharmonika wäre z. B. richtig gewesen.)

c) Mundharmonika (Richtig! Wir sehen, Sie sind lernfähig.)

d) ... (Sehr gut! Sie kennen die hohe Kunst des Weghörens.)

Aufgabe 3: Welches Märchen würden Sie nicht vorlesen?

a) Hänsel und Gretel (Stimmt! Zwar sieht es anfangs so aus, als würden die Kinder nie mehr wiederkommen, aber am Ende finden sie doch wieder nach Hause.)

b) Tischlein deck dich (Warum nicht? Alle drei Brüder ziehen aus!)

c) Gibt's da nicht etwas auf Video oder DVD? (Natürlich, wieso Zeit damit vergeuden, wenn das auch der beste Babysitter der Welt machen kann?)

6. Milchzähne, Kinderlähmung und Schultüte (6–10 Jahre)

6.1. Erster Schultag oder wozu das Ganze?

Auch wenn jeder über die Schule und die Lehrer schimpft, so ist man doch froh, dass die Kindergartenzeit nahtlos in die Schulzeit übergeht und man das eigene Kind wenigstens vormittags los ist. Besonders wichtig ist die Vorbereitungszeit vor Schulbeginn, um möglichst Schwierigkeiten zu vermeiden. Ihr Kind soll doch gerne in die Schule gehen (wenigstens anfänglich).

Besorgen Sie gemeinsam mit dem Kind (auch wenn es unangenehm ist) Schulutensilien, die motivierend für stundenlanges Sitzen in faden Klassenzimmern sind. Die Schultasche wird zum besten Freund des Schülers, wenn er sich damit identifizieren kann. Also keine »My-little-Pony-Rucksäcke« für Knaben, sondern »Yu-Gi-Oh-Battle-Packs« (wenn Sie davon keine Ahnung haben, sollten Sie sich schleunigst damit auseinandersetzen!). Lassen Sie sich also nicht lumpen, wenn es um die Survival-Ausrüstung Ihres Erstklässlers geht.

Hier heißt das Motto: Je mehr, umso besser!

Kaufen Sie keine 20-Blatt-Hefte, sondern nur 40-Blatt-Wälzer und davon mindestens doppelt so viele als vom Lehrer verlangt. Beglücken Sie Ihr Kind mit Malutensilien, dem 45-färbigen Filzstiftset, Künstlerbleistiften in 12 Härtegraden, Druckbleistiften in 4 Minenstärken, der doppellagige Wasserfarbkasten mit dem 17-teiligen

Pinselset, die doppelläufige Füllfeder mit integriertem 10-fach-Magazin und zuletzt dem gusseisernen Zirkelset mit 20 Aufsätzen. Wenn dadurch nicht die Konstitution Ihres Kindes gestärkt wird, so verlängert sich wenigstens die Zeit, die Ihr Kind für den Schulweg braucht (hin als auch zurück).

Apropos Schulweg! Gehen Sie den Schulweg mit Ihrem Kind mehrmals ab, um zu gewährleisten, dass es am ersten Schultag pünktlich um sagen wir mal 7:30 Uhr alleine das Haus verlässt. Natürlich wird Ihr Kind irgendwann einmal herausfinden, dass es einen kürzeren Schulweg gibt als den, den Sie mit Ihrem Tafelschmierer abgegangen sind. Machen Sie einfach ein erstauntes Gesicht und sagen Sie: »Oh, der ist ja wirklich kürzer ...«

Tipp: Schultüten nach Tao Tau (chin. Schultütenphilosoph – 12 Jh.)

Eine richtig gefüllte Schultüte ist so ziemlich das Wichtigste! Eine nach 08/15-Maßstäben gefüllte Schultüte wird Ihr Leiden während der nächsten Jahre maßgeblich verstärken. Wer glaubt, dass Mars alleine schon mobil macht, liegt hier falsch. Zu viele Süßigkeiten machen Ihr Kind viel zu träge, und wenn Sie Pech haben, gibt Ihr Spross schon am Weg zur Schule auf, da er es nicht erwarten konnte und sich den Bauch vollgeschlagen hat.
Also raus mit dem Zucker und rein mit den Weisheiten des gro-

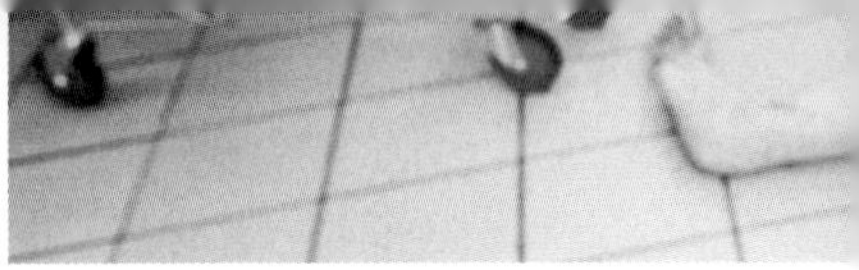

ßen Tao Tau: »Nimm drei glückliche Tage deines Lebens und lege Sie behutsam in den konisch geformten Körper. 27 Reiskörner sollen es sein, die deinen Weg begleiten. Doch opfere eines alle 5 Schritte, um die Weggötter gnädig zu stimmen. (Sollte sich der Schulweg mit 27 Reiskörnern nicht ausgehen, können Sie natürlich ein paar mehr dazupacken.) Flüstere ein Wort der Hoffnung in den Kegel und zuletzt als Symbol der Freiheit lege ein Dokument des Grenzübertrittes bei! So kann der Weg nicht fehl sein, egal wohin er geleitet wird!«

6.1.1. Schulausflüge

Wie schnell kann man sich doch auf Schulausflügen verlaufen, wenn man den Anschluss an die Klasse verliert. Deshalb sollte Ihr Kind immer gut ausgerüstet sein, um sich alleine in der Wildnis durchschlagen zu können. Eine Essensration für 4 Wochen sind das Mindeste, weiters gutes Schuhwerk, warme Kleidung, ein hochgebirgstaugliches Zelt, Feuerstein und Pfeil und Bogen (falls die Nahrung knapp wird). Weiters sollte man nicht vergessen, den Reisepass mitzugeben, falls das Umherirren z. B. in Spanien enden sollte. Wenn Sie Ihren Sonnenschein auf diese Art auch höchstwahrscheinlich nicht für immer loswerden, so seien Sie doch gewiss, ein paar ruhige Wochen zu verleben.

Tipp: Bringen Sie Ihr Kind zum Rauchen

Führen Sie Ihr Kind systematisch in die Nikotinabhängigkeit. Der Clou dabei ist, dass in der Wohnung natürlich striktes Rauchverbot gilt, Balkon inklusive. Rund um den Block oder das Haus geht auch nicht, weil das öffentliche Plätze sind. »Aber da muss ich ja jedes Mal eine halbe Stunde gehen, wenn ich eine rauchen will.« – Oje. Die Gesundheitsapostel brauchen übrigens hier nicht zu lamentieren, denn spätestens in der Pubertät rauchen die Kinder aus eigenem Antrieb.

6.2. Milchzähne

Der Verlust der ersten Milchzähne Ihres Kindes sollte Sie ein wenig glücklicher stimmen, heißt das doch, dass Ihr Nesthocker bald selbst in den sauren Apfel des Lebens beißen kann. In gesunden Zähnen wohnt ein gesunder Geist! Sie sollten also auch dafür sorgen, dass Ihr Kind das lästige Erstgebiss möglichst schnell loswird. Hier einige erprobte Methoden:

1. Die Tür – der Klassiker

Wer kennt nicht die gute alte Methode Tür-Schnur-Zahn und »WUMM«. Nicht zu empfehlen sind Drehtüren bzw. elektrische Türen, da es hier besonders an Geschwindigkeit als auch einer Stoppfunktion fehlt.

2. Der Zahnarzt – Ihr bester Freund

Welcher Zahnarzt freut sich nicht, wenn er etwas mehr zu tun bekommt. Und außerdem, wie sieht denn das aus, mit einer Zahnlücke herumzulaufen! Also lieber ganz weg damit.

3. Der Nachbarsjunge – der zweitbeste Freund?

Sollte sich Ihr Kind mit dem Nachbarsjungen nicht so gut verstehen, dann sollten Sie dies nutzen. Sagen Sie dem unfreundlichen Nachbarsjungen einmal, was Ihr Kind von ihm hält, und ermutigen Sie ihn damit, das Milchzahnproblem zu lösen! (Bitte Vorsicht, falls Sie sich nicht sicher sind, ob noch die Milchbeißer vorhanden sind oder nicht.)

4. Die Zange – der Heimwerkerfreund

Wenn Sie handwerklich begabt sind, dann können Sie ruhig auch mal selbst Hand anlegen. Aber auch hier gilt höchste Vorsicht. Es ist nicht alles Milch, was Zahn ist!

6.3. Die Schlüsselkinder

Sie wissen selbstredend, was ein Schlüsselkind ist. Wir erklären es Ihnen trotzdem. Per Definition ist ein Schlüsselkind ein Kind mit einem Schlüssel, und zwar zur Haustür, weil die Eltern möglicherweise nicht zu Hause sein könnten, wenn das Kind von der Schule kommt. Das klingt nicht besonders aufregend, wie?

Passen Sie aber jetzt ganz genau auf, denn es kann Ihr Leben verändern: Auch Sie können zu den Eltern gehören, die lauthals

jubilieren und frohlocken: »Juhui – wir haben ein Schlüsselkind!«
Denn:
Es ist wissenschaftlich erwiesen, dass Schlüsselkinder seltener zu Hause sind als andere Kinder!!!

Ha!!!
Sind Sie nun in der Situation, dass Sie aus beruflichen oder anderen Gründen tagsüber oft zu Hause sind, dann gehen Sie los und besorgen sich einen zweiten Job, bevor Ihnen den ein anderer frustrierter Elternteil vor der Nase wegschnappt. Oder besser noch: Tun Sie so, als hätten Sie einen, und in Wirklichkeit lassen Sie die Sau raus, die Kuh fliegen oder was auch immer.
Geben Sie Ihrem Kind einen Schlüssel und das Elysium steht Ihnen offen. Treffen Sie sich mit Freunden, gehen Sie bowlen, ins Kino, feiern Sie zu Hause eine Orgie, betrinken Sie sich wahlweise sinnlos oder mit einem triftigen Grund – LEBEN SIE!!!
Und das alles mit einem Kind – mit einem Schlüsselkind!

6.4. Das Kommunikationszeitalter

Nützen Sie es aus, dass wir in einem modernen Kommunikationszeitalter leben. Ein Handy zum Beispiel ist unumgänglich. Ein Wertkartenhandy logischerweise, denn für das Aufladen ist der kleine Racker selbst verantwortlich.
Die Vorteile eines Handys sind klar: man ist freier, ungebundener,

selbstständiger und auch selbstsicherer. Dass man davon leichter abhängig wird als von Heroin, muss das Kind ja nicht notwendigerweise von vornherein wissen.

Tipp:
Trainieren Sie Ihr Kind darauf, bei kleineren Verletzungen nicht weinend zu Ihnen zu kommen, sondern gleich die Rettung zu rufen.

Außerdem sind jetzt Computerspiele wichtig, damit sich Ihr Kind von Ihnen abkapseln kann. Jedoch sollten Sie darauf achten, dass der Computer nicht bei Ihnen zu Hause steht. Stellen Sie ihn doch zu Verwandten oder Freunden Ihres Kindes oder am besten über die Staatsgrenze. Natürlich ist die Wahl der Computerspiele entscheidend, was aus Ihrem Kind einmal wird bzw. wie schnell es auszieht. Hierfür einige Beispiele:

1. Ego Shooter

Wie das Wort schon verrät, handelt es sich hier um Spiele, die den Egoismus des Kindes bzw. seine Gewaltbereitschaft fördern. Das ist beides gut, um sich später einmal alleine durchsetzen zu können (ob mit oder ohne Waffengewalt). Die Befürchtung, dass Kinder zwischen der Realität und der imaginären Welt nicht unterscheiden können, ist unbegründet. Sie können es nicht!

2. Simulationen oder das wahre Leben

Das beste Beispiel dafür wäre »Sims«, ein Spiel, bei dem es darum

geht, richtig zu leben. Also aufzustehen, zu arbeiten, eine Partnerschaft einzugehen, ein Kind zu bekommen. (Ja, zu bekommen, nicht zu zeugen. In diesem Spiel wird das Kind von einer zwielichtigen Dame ins Haus gebracht und bei Vernachlässigung wieder abgeholt.) Ermutigen Sie Ihr Kind, dies auch in der Realität umzusetzen!

3. Autorennen

Wer sich früh mit dem Ablauf des Autofahrens auseinandersetzt, kann auch früher in ein Auto steigen und weit wegfahren. Sie sollten allerdings Ihre Autoschlüssel nicht unbeachtet herumliegen lassen!

4. Unsinnige Spiele

Auch wichtig, denn auch wenn solche Spiele absolut sinnlos sind, so verbessern sie doch die Feinmotorik Ihres Jüngsten und helfen dabei wenigstens einen Beruf am Förderband einer Uhrenfabrikationsstätte ausüben zu können.

6.5. Bücher

Kaufen Sie tonnenweise Bücher und erziehen Sie Ihr Kind zu einer Leseratte. Lesende Kinder sind still, stellen nicht andauernd unsinnige Fragen und sind so pflegeleicht, als wären sie gar nicht da.

Leseratten sind die besseren Kinder!

Am besten eignen sich diese topmodernen und hochaktuellen

Thriller, bei denen man, ob der knisternden Spannung, nicht mehr aufhören kann zu lesen. Man erkennt sie ganz leicht an den unheimlich kurzen Kapiteln, so voller Spannung, dass sie zum Weiterlesen zwingen.

Hier ein Beispiel:

Kapitel 1: *Es war vier Uhr früh. Ray Dymond war Nachtwächter, trotzdem hatte er sein muffeliges Büro in seiner 24-jährigen Dienstzeit nie verlassen müssen. Aber heute war etwas anders. Heute hatte er etwas gehört. Etwas Unheimliches.*

Kapitel 2: *Es hatte geklungen wie das Starten einer Motorsäge, gefolgt von einem lang anhaltenden gellenden Schrei. Dann …*

Kapitel 3: *… Stille.*

Kapitel 4: *Ray wuchtete sich aus seinem abgewetzten Ledersessel. Schweißtropfen perlten von seiner glühenden Stirn. Mit jedem Schritt wurde das mulmige Gefühl in seiner Magengegend stärker. Als er angekommen war, sah er im Schein seiner Taschenlampe etwas, das so unfassbar war, dass es ihm für eine geschlagene Minute den Atem nahm. Was er da im Schein der Taschenlampe sah, war …*

Kapitel 5: *… schrecklich und zugleich wunderschön.*

Kapitel 6: *Zitternd ging Ray noch einen Schritt vorwärts. Was er da sah, war …*

Kapitel 7: *… unglaublich.*

Kapitel 8: *Hui!*

Kapitel 9: *Bevor aber das Geheimnis um Ray's Entdeckung gelüftet*

werden kann, wenden wir uns einem andern Ort zu, an dem es mindestens genauso spannend zugeht. Und dieser Ort ist: das Vorzimmer Ihrer Wohnung!!! Uaaaah!!!

Sie merken schon: eine wahnsinnig mitreißende Story, von der sich niemand losreißen kann – schon gar nicht Ihr kleiner Hosenpupser. Die Geschichte haben wir uns übrigens ganz allein ausgedacht. Nicht schlecht für zwei Pädagogen, was?

6.6. Impfungen

Alles, was Ihr Produkt der Liebe schwächt, ist schlecht, heißt ein altes Ärztesprichwort. Und auf Ärzte sollten Sie in diesem Fall hören. Sicherlich – jeder von uns möchte sich solche Szenarien ersparen: tagelanges Jammern verbunden mit der Beschlagnahme der Fernbedienung des Fernsehgerätes, tonnenweise Knabbergebäck, das herangekarrt werden muss, um die Stimmung ein wenig zu heben, mit anschließenden stündlichen Entbröselungsaktionen des Krankenbettes, quälendes gemeinsames DVD-Schauen immer des gleichen Lieblingsfilms, Entstauben der vergammelten Gesellschafts- und Brettspiele und anschließendem Spielmarathon, bei dem Sie Ihr Kind immer gewinnen lassen müssen (sonst verschlechtert sich der Zustand womöglich rapide), usw.

Kränkliche Kinder sind öfter zu Hause als andere, sagte schon der Moralpädagoge Siegfried Eisenwurz.

Und deshalb schützen Sie Ihren Sprössling vor Krankheiten. Sollten also die Abwehrmechanismen Ihres Kindes nicht ausreichend gestärkt worden sein (siehe Kapitel 4.2.) bzw. für einige Krankheiten gibt es keine Möglichkeit der natürlichen Abhärtung, so muss, ob man will oder nicht, nachgeholfen werden. Impfen heißt das Zauberwort! Die klassischen Impfungen unserer Gesellschaft kennt wohl jeder: Schluckimpfung gegen Kinderlähmung, Tetanus, Tuberkulose und viele andere werden fast schon standardmäßig verabreicht. Aber glauben Sie nicht, Ihr Kind wäre dadurch rundum geschützt. Wann war denn die letzte Zeckenimpfungsauffrischung? Wie, Ihr Kind ist noch nicht gegen Zecken geimpft? Wie? Es ist noch zu klein? Die Dimension der Hautporen lässt noch keine Zecke andocken? Und wie sieht es mit winzig kleinen Babyzecken aus?!

Es ist besser vorzubeugen als nachzubehandeln!

Damit ein vollständiger Schutz gewährleistet werden kann, ist es nun mal vonnöten sich auch gleich gegen Malaria, Gelbfieber, japanische Enzephalitis, Typhus und Meningokokken-Meningitis impfen zu lassen. Wer weiß schon, wo Ihnen Ihr Kind vielleicht abhanden kommt?

Übungsaufgaben

Aufgabe 1: Ihr Kind kommt nach dem ersten Schultag nach Hause. Was tun Sie?

a) Mein Kind braucht nur zwanzig Minuten? Da muss mehr

Ballast in die Schultasche! (Vollkommen richtig, dass Sie Ihr Kind körperlich ertüchtigen wollen.)
b) Ich bin nicht zu Hause! (Sie sind der klassische Schlüsselkindtyp. Bravo!)
c) Ich gehe mit ihm zum Arzt und lasse es gleich impfen. (Anschließend lassen Sie noch einen Milchzahn reißen und setzen das Kind vor den Computer.)

Aufgabe 2: Ihr Kind läuft weinend zu Ihnen mit dem ersten Milchzahn in der Hand. Wie gehen Sie weiter vor?
a) Ich gebe dem Nachbarsjungen 10 Euro für seine Hilfe (für weitere 40 Euro übernimmt er auch die restlichen Zähne).
b) Antwort c) der vorigen Aufgabe. (Weiter so! Sie haben erkannt: Dies ist eine Universalantwort und immer gültig.)
c) Ich hole meinen Werkzeugkoffer. (Selbst ist die Frau / der Mann. Bevor Sie sich noch 19-mal das Geplärre anhören müssen, legen Sie lieber selbst Hand an.)

7. Die Pubertät – ein erzieherisches Niemandsland (10–14 Jahre)

um es möglichst schnell wieder loszuwerden

Die Pubertät: am besten, Sie verstecken sich irgendwo und warten, bis sie vorbei ist. Was Sie in dieser Zeit auch probieren, erzieherisch können Sie nichts richtig, sondern nur alles falsch machen.
Die Kinder sind in der Pubertät eine wandelnde Zeitbombe, bereit jeden Moment zu explodieren, ein Faß, das dauernd überläuft, ein wildes Tier geduckt zum Sprung.
Ein wildes Tier kann man nicht zähmen, fragen Sie Siegfried oder Roy!

Deshalb gibt es in diesem Kapitel keine konstruktiven Anregungen, sondern eine Aufzählung von Dingen, die Sie in jedem Fall unterlassen sollten:

- **Umarmen Sie keinen Pubertierenden**, es könnte tödlich für Sie enden.
- **Versuchen Sie niemals einen Pubertierenden sexuell aufzuklären**, denn Sie würden sich nur eine weitere Blöße geben und merken, dass er/sie viel mehr über den Geschlechtsakt weiß als Sie selbst.
- **Geben Sie einem Pubertierenden kein Geld** – er wird es gegen Sie verwenden.
- **Sehen Sie einem Pubertierenden nie in die Augen**, Sie könnten sonst schwach werden und was Dummes sagen wie: »Ich war auch mal so alt wie du.«
- **Kaufen Sie einem Pubertierenden weder Unterwäsche** noch

eine andere Form der Bekleidung; es würde mehr Sinn machen, das Geld beim Fenster rauszuwerfen, es aufzuessen oder ein Lagerfeuer damit zu machen – Pubertierende haben keinen Geschmack!

- **Kochen Sie nichts** – ein Pubertierender wird es nicht essen.
- **Reden Sie nicht mit einem Pubertierenden,** es sein denn, Sie haben Lust auf Streit.

7.1. Sätze, die Sie sich sparen können:

1. Mach sofort die Tür auf! Seien Sie doch froh, dass Sie es eine Weile los sind – es sei denn, es handelt sich um das WC und Sie müssen mal dringend.

2. Komm jetzt endlich her! Ganz falsch! Distanz ist gut! Sie versuchen Ihr Kind loszuwerden, nicht es zu binden.

3. Hast du etwa geraucht? Natürlich! Fragen Sie nicht so blöd. (Dasselbe gilt übrigens für die Frage, ob es Alkohol getrunken hat.)

4. Hast du Alkohol getrunken? Siehe Punkt 3.

5. Ich verlange von dir ein bisschen mehr Respekt! Es gibt nichts Besseres als Auflehnung. Revolutionäre sind die schnelleren Auszieher!

6. Du weißt, du kannst immer zu mir kommen. Aber, hallo!!! Ist jemand zu Hause?

7. Kannst du das für mich machen? Ihr Kind wird bloß das Gegenteil tun. Entweder Sie verlangen nach dem Gegenteil

dessen, was Sie gern hätten, oder Sie fragen besser erst gar nicht. In Einzelfällen hat eine sehr unkonventionelle Methode Erfolg gebracht, man nennt sie:

7.2. Die Wahrheit

Seien Sie ehrlich mit Ihrem Kind und offenbaren Sie ihm die Wahrheit. Nehmen Sie sich einen alten Zettel und schreiben Sie ihm diesen Brief:

Hallo Kind!

Wir, deine Eltern, finden, dass du nun alt genug bist, um zu erfahren, dass du adoptiert wurdest. Dein eigentlicher Vater ist ein Herr David Hasselhoff, dem wir einmal in Peking begegnet sind. Bis vor Kurzem existierten sogar noch ein paar Briefe aus deiner chinesischen Vergangenheit, die aber leider einer Feuersbrunst zum Opfer gefallen sind.

Wir verstehen es sehr gut, dass du uns jetzt verlassen möchtest, um deinen Vater zu suchen, und legen diesem Schreiben € 100 bei.

Viel Glück

Deine Eltern

Sorgen Sie dafür, dass es diesen Brief möglichst weit weg von zu Hause, zum Beispiel bei einem Schulausflug, findet und öffnet.

Wenn Sie dabei ein schlechtes Gewissen haben, dann legen Sie die 100 € tatsächlich bei.

7.3. Pickel

In der Zeit der Pubertät spielt der Hormonhaushalt bei Ihren Sprösslingen verrückt, gepaart mit einem immensen Wachstumsschub (körperlich, nicht geistig). Die kleinen Mädchen reifen zu jungen Frauen, die Knaben wachsen zu ... Ja zu was wachsen die? Ähm, zu äh, zur Allegorie eines sekundären Geschlechtsmerkmals.

Akne oder auch Pickel, wie der Volksmund sagt, sind für einen erfolgreichen Loslösungsprozess extrem wichtig. Ihr Kind möchte sich auf dem Weg zum Erwachsenwerden und dem damit verbundenen Auszug von Ihnen unterscheiden und abgrenzen. Pickel sind der einfachste und billigste Weg hierfür. Sollte Ihr Kind nicht mit roten, talggefüllten, kurz vor dem Aufplatzen seienden, über das gesamte Gesicht verstreuten Pickeln sein, dann helfen Sie Ihrem Kind. Untersagen Sie jede Form von Hautreinigung (bekannte Reinigungsmittel und Hautwässerchen dürfen Sie ruhigen Gewissens verabreichen, denn die nützen ohnehin nichts, im Gegenteil).

Die Ernährung in dieser Zeit sollten Sie auf Schokolade, Chips und andere fette und süße Lebensmittel reduzieren. Sie können den Loslösungsprozess verstärken, indem Sie Ihrem Kind klarmachen, dass die Akne besser wird, sobald man ausgezogen ist.

7.4. Schule, die Zweite

Sollte Ihr Kind es geschafft haben, sich durch die ersten vier Jahre Grundschule zu mogeln, dann sind Sie nun an dem Punkt angekommen, an dem Sie sich darüber klar werden müssen, ob Ihr Kind zu Höherem berufen ist (sprich Gymnasium) oder ob Sie anstreben, dies zu verhindern, indem Sie es auf berufsbildende Schulen oder ähnliche schicken, um das Arbeitsantrittsalter möglichst schnell zu erreichen.

Nur ein Lehrlingskind ist ein gutes Kind!

Eine bessere Ausbildung zieht unangenehme Erscheinungen mit sich: mindestens die Oberstufe, wenn nicht sogar ein Studium (ahhhhhhhhh!!!!).

7.4.1. Schulausflüge, die Zweite

Es gibt fast nichts Schlimmeres als Schulausflüge. Man wähnt sich im Himmel und jauchzt lobpreisend ob der kurzzeitigen Abwesenheit des Schützlings. Bis das Telefon klingelt. Hier ein typisches Schulausflugstelefonat:

Elternteil: *Ja, hallo?*

Lehrer: *Guten Tag. Hier spricht Fachlehrer Braunschweig!*

Et: *Oh! Was hat mein Kind angestellt und wie viel wird es mich kosten?*

L: *Wieso glauben Sie, dass es etwas angestellt hat?*

Et: *Hat es nicht? Da bin ich aber erleichtert. Warum rufen Sie an?*

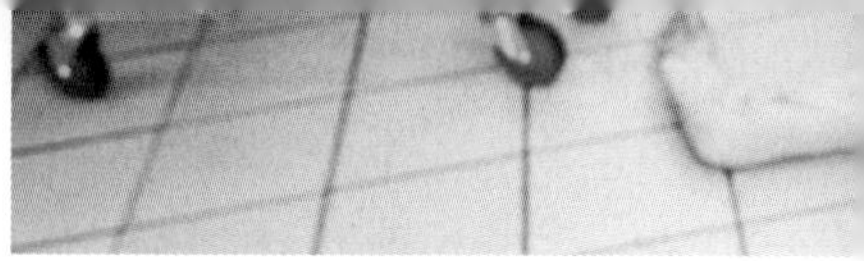

L: *Ihr Kind hat etwas angestellt.*

Et: *Wollen Sie mich verarschen? Was ist los?*

L: *Na na! Nicht in diesem Ton. Setzen Sie sich hin.*

Et: *Ich sitze doch längst.*

L: *Ruhe!*

Et: *'tschuldigung!*

L: *Der See, an dem wir wohnen, ist seit heute Nacht um eine Sehenswürdigkeit reicher. Sämtliche Parkbänke, die um ihn herumstanden, schwimmen jetzt mittendrin.*

Et: *Woher wollen Sie wissen, dass mein …*

L: *Ihr Kind war doch glatt so intelligent, vorher noch Ihren Namen in das Holz zu schnitzen.*

Et: *Oh.*

L: *Außerdem hat er aus seinem Zimmerfenster gekotzt.*

Et: *Woher …*

L: *Die Spur an der Fassade des Hauses ist wirklich nicht schwer zurückzuverfolgen. Wir wohnen übrigens im sechsten Stock. Ich hoffe, Sie kennen einen billigen Maler.*

Et: *War es das?*

L: *Der älteste Baum der Gemeinde liegt seit vier Uhr früh im Swimmingpool des hiesigen Staatsanwalts. Keine Ahnung, wie er das geschafft hat. Das Denkmalamt wird sich jedenfalls noch mit Ihnen in Verbindung setzen. Die Vorladung vom Staatsanwalt wird sich wahrscheinlich schon in Ihrem Postkasten befinden.*

Et: *Vielen Dank für den Anruf.*

Tipp: Lehrereltern

Sind Sie Lehrer und Elternteil, dann glauben Sie ja zu wissen, wie Sie Ihr Kind richtig erziehen, und trotzdem haben Sie dieses pädagogische Nachschlagewerk der Superlative gekauft. Sie wollen sich nur fortbilden? Sie, wie auch wir, wissen, dass das nicht ganz stimmt. Sie haben Ihr pädagogisches Pulver im Unterricht verschossen und Erziehungsmaßnahmen für Ihr eigenes Kind bleiben da natürlich auf der Strecke. Wir verstehen Sie! Welcher Chirurg würde in seiner Freizeit zu Hause noch operieren, welcher Busfahrer fährt freiwillig nach Dienstschluss noch eine Ehrenrunde, welche Modedesignerin näht ihr Kleid wirklich selbst.

Wir schlagen vor, Ihre disziplinären Maßnahmen, die Sie in der Schule setzen, einfach auf Ihr Kind zu projizieren. Sollte mal ein Schüler sich nicht benehmen können, lassen Sie statt dem Schüler Ihr Kind einen Aufsatz über gutes Benehmen während des Unterrichts schreiben. Oder lassen Sie Ihren Liebling am Nachmittag nachsitzen, wenn der Klassendepp versucht hat, die Einrichtung des Chemiesaales durch einen Versuch umzugestalten. Sie werden sehen, es hat einen doppelten positiven Effekt: Ihr Kind wird erzogen und Sie müssen sich nicht mit ungemütlichen Schülern rumärgern (und die ungemütlichen Schüler auch nicht mit Ihnen).

7.5. Freunde

Das soziale Umfeld Ihres Kindes ist enorm wichtig und wird oft nicht bedacht. Je nachdem, in welche »Clique« Ihr Kind hineingerät, wird es sich verändern: zum Schlechten oder zum ganz Schlechten.

In solchen Fällen empfiehlt es sich, sich mit den anderen Eltern kurz- und zusammenzuschließen. Vorab sollten Sie aber gewiss sein, dass diese nicht aus der Waldorf- oder Montessori-Ecke kommen. Bei denen sind Sie nämlich an der falschen Adresse.

Rufen Sie einfach an und laden Sie das befreundete Kind ein, bei Ihnen zu übernachten. Wenn Sie als Antwort erhalten: »JA! Gott sei Dank! Kann er/sie vielleicht auch ein bisschen länger bleiben?«, dann sind Sie mit einem Gleichgesinnten verbunden. Hören Sie aber ein »Ich weiß nicht so recht. Unterliegt Ihre Wohnung Feng-Shui-Kriterien? Wie sieht es mit Wasseradern aus? Am besten, ich schicke gleich mal unseren Auraberater bei Ihnen vorbei«, dann sollten Sie schnell auflegen.

Uns schwebt da ein Elterdachverband vor unter dem Namen Initiative »Raus mit den Nesthockern«. Nur so können wir alle an einem Strang ziehen. Gemeinsam sind wir ja bekanntlich stärker.

Einige bedauernswerte Eltern sind an uns herangetreten und meinten: »Wir verstehen unsere Kinder nicht mehr, bitte helfen Sie uns.«

Widerwillig, aber doch haben wir uns mit einigen Sprachwissenschaftlern zusammengesetzt.

Wenn Sie also wirklich wissen möchten, was Ihr Kind von Zeit zu Zeit so von sich gibt, dann haben wir hier für Sie einige der gängigsten Aussagen übersetzt (Angaben selbstverständlich ohne Gewähr).

»Heute hab ich einen threesixty noseborn to faky mit indy grab ausgecheckt.«

Entweder Ihr Kind kann ganz tolle Sachen mit irgendeinem neuzeitlichen Sportgerät, aus dem man eventuell Kapital schlagen kann, oder es will Sie einfach nur verwirren.

»Ach, fick dich doch.«

Ein semantisch wenig glänzender Schrei nach Liebe und Aufmerksamkeit, den Sie allerdings nicht erfüllen können.

»Was ist denn das für ein Fraß?«

Ihr Kind versucht Ihnen über Umwege klarzumachen, dass es sichtlich erstaunt ist über die Vielfalt Ihrer Kochkünste.

»Ich mach das nicht! Das ist total schwul!«

Ihr Kind weist Sie darauf hin, dass es sehr wohl schon aufgeklärt ist und sich eher von heterosexuellen Menschen angezogen fühlt. Der erste Satz ist nur eine Art Einleitung. Vergessen Sie den und pochen Sie darauf, dass es gemacht wird!

»Spinnst du!«

Kurz und prägnant gibt Ihnen Ihr Kind zu verstehen, dass Sie über eine abstrakte Denkweise verfügen, die es noch nicht nachvollziehen kann, aber trotzdem respektiert.

»Ihr seid total tolle Eltern.«

Auf diese Aussage sollten Sie Ihr Kind mit 2 Wochen Hausarrest, Handyentzug und Fernsehverbot maßregeln, denn kein normales Kind würde so etwas während der Pubertät zu Ihnen sagen. Dieser Satz ist eine Verhöhnung schlechthin und eine absolute Frechheit.

»Mmhmnghnfn!«

Kann sehr vieles bedeuten – kommt hauptsächlich auf die Situation an, in der die Äußerung stattfindet. Mit Sicherheit lässt sich nur sagen, dass eine allumfassende Unwilligkeit der Hauptbestandteil oder die Essenz der Wortspende ist. Am besten ist es, wenn Sie das Kind die nächsten paar Tage nicht mehr anreden.

Übungsaufgaben

Aufgabe 1: Drücken Sie Ihrem Liebsten einen Pickel aus!

a) Das hat aber Spaß gemacht. (Genau deswegen drückt jeder Erwachsene gerne in Aknegesichtern herum.)

b) Da ist irgendetwas Grünliches herausgetropft. (Um Gottes willen! Woran haben Sie herumgedrückt?)

c) Vor lauter Pickel komme ich zu einem einzelnen Pickel nicht zu! (Verwenden Sie herkömmliche Küchengeräte zur Entfernung von Aknefeldern.)

Aufgabe 2: Ihr Pubertant kommt zu Ihnen und sagt: »Wann gibt's denn endlich was zu beißen? Du *..*.* (viele Schimpfwörter)!«**

a) In zehn Minuten. Ist gleich fertig! (Geben Sie unkonkrete Antworten, um Ihr Kind zu verwirren. Mit dem Paradoxon »in zehn Minuten« und »gleich« wird sie/er schachmatt gesetzt und übernimmt sogar freiwillig das Abspülen.)

b) Solange du deine Beine unter meinem Tisch hast, gibt's nichts mehr zu Beißen. (Bei jedem Satz, den Sie mit »Solange du deine Beine ...« beginnen, schaltet der Pubertierende sofort sein Zentralnervensystem aus und jede weitere Information geht ungehört verloren).

c) Wie redest du eigentlich mit mir? Das heißt »zu essen« und nicht »zu beißen«. (Indem Sie nicht auf die Schimpftiraden Ihres Kindes eingehen, vergeht Ihrem Kind der Hunger und es zieht sich still zurück, um eine Packung Chips zu verdrücken.)

d) Du **..*..*! (Total falsch! Sie haben sich auf die gleiche Gesprächsebene begeben und auf dieser Ebene ist Ihr Kind eindeutig im Vorteil.)

Aufgabe 3: Ihr Kind sagt zu Ihnen: »Fick dich doch!« Wie reagieren Sie?

a) Gar nicht. (Dieser Ausdruck zeigt, dass die Pubertät ganz

normal verläuft und dass es dem Kind gut geht.)
b) Sie scheuern Ihrem Kind ein paar. (Gewalt ist keine Lösung, obwohl er/sie es schon verdient hat. Aber als Pädagogen raten wir davon ab, obwohl ... nein, lassen Sie es lieber.)
c) Sie ziehen aus. (Sie haben da etwas falsch verstanden. Ihr Kind soll ausziehen, nicht Sie.)

8. Die Pubertät nach der Pubertät (14–18 Jahre)

In diesem Alter sollte ein Erfolg schnell zu verbuchen sein. Das Kind befindet sich nun in der Loslöse- und Trotzphase. Das heißt, dass es sich nun einbildet, schon erwachsen zu sein, Sie in Frage stellt, nichts mehr von Ihnen wissen und schnell raus aus dem Elternhaus will. Und das gänzlich ohne Ihr Zutun. Sie brauchen also nur noch den Sack zuzumachen. Allerdings wird Ihnen jeder Sportreporter bestätigen, dass dies oft das Schwerste ist. Stellen Sie daher Ihrem Kind nicht die Rute ins Fenster, sondern seien Sie subtil.

Lieben Sie Ihr Kind!

Ja genau, Sie haben richtig gelesen. Überschütten Sie Ihr Kind mit Liebe, Zärtlichkeit, Nähe, Zuneigung und lieben Sie es so zur Tür

hinaus. Nichts ist Ihrem Kind peinlicher als öffentliche Liebesbeweise von Ihnen, und nichts hasst Ihr Kind mehr als elterliche, liebevolle Nähe. Nutzen Sie das schamlos aus.

Das Kind ist in diesem Altersabschnitt immer noch eine hormongebeutelte Existenzform, deren Lebensgrundlage die nackte Angst davor, nicht akzeptiert zu werden, ist: »Höre ich die richtige Musik?«, »Vertrage ich zu wenig Alkohol?«, »Sieht man mir meine Selbstbefriedigung an?«, »Hoffentlich ist meine Kleidung cool und trendy, aber trotzdem noch individuell genug, um als Botschaft meiner Sexualität das andere Geschlecht zu erreichen?«, »Bin ich das, der so stinkt?« etc. Nach außen hin will das Kind unnahbar, locker und gefühlskalt wirken, damit es von den anderen Kindern beachtet wird: Und genau das ist seine Achillesferse!

Machen Sie den Sack zu und stellen Sie Ihr Kind bloß!

Was Ihr Kind überhaupt nicht mag:

- **Kneifen Sie Ihrem Kind in die Wange** und grinsen Sie es dabei dämlich an.
- **Bringen Sie es zur Schule,** warten Sie, bis es sich im Kreise seiner Freunde in Sicherheit wiegt. Dann laufen Sie ihm nach und rufen Sie laut: »Moment noch, Schatz, du hast deine Schmusedecke vergessen!« Mit diesen Worten überreichen Sie ihm irgendwas Geblümtes mit Clowns oder Winnie Puh.

- **Umarmen und küssen Sie Ihr Kind** (da müssen Sie durch).
- **Bei Knaben:** Gehen Sie mit ihm in die Drogerie und kaufen Sie Kondome für ihn. Nehmen Sie irgendein Produkt aus dem Regal, gehen Sie damit zur Kassa und fragen Sie laut und für alle vernehmbar: »Gibt es die auch in small? Ich glaube nicht, dass er da schon reinpasst!«
- **Bei Mädchen:** Warten Sie auf einen günstigen Augenblick, in dem Ihre Tochter in der Gesellschaft von einem oder mehreren Jungs ist, platzen Sie dazwischen und sagen Sie: »Wenn einer von euch mit meiner Tochter Geschlechtsverkehr haben möchte, dann möchte ich euch bitten sehr vorsichtig zu sein, sie ist nämlich noch Jungfrau!«
- **Machen Sie auf cool:** Versuchen Sie mit der Innenseite Ihrer geöffneten Hand in die Ihres Kindes zu klatschen und sagen Sie dabei »Yo Bruder/Schwester« oder so was.
- **Klären Sie Ihr Kind immer wieder mal auf** und sparen Sie dabei nicht mit peinlichen Details aus Ihrem eigenen Liebesleben. (Diese können natürlich auch frei erfunden sein.)
- **Geben Sie Ihrem Kind Kosenamen.** Nennen Sie es Schnuckiputzimausiherzblatt, Froschköniglein, Süßholzstückchen oder du kleine Popelfabrik.
- **Verlautbaren Sie überall,** wie stolz Sie auf die sekundären Geschlechtsmerkmale Ihres Kindes sind.
- **Rülpsen Sie laut und mit geöffnetem Mund,** dann halten Sie

Ihre Hand an den Kopf und schreien »Schultz«; jedem, der das nicht macht, hauen Sie einfach eine rein.

Machen Sie diese Dinge nicht nur vermehrt in der Öffentlichkeit und vor den Augen der Freunde Ihres Kindes, sondern auch zu Haus in den eigenen vier Wänden, damit es Ihre Strategie nicht durchschauen kann.

8.1. Babyfotos

Jetzt sind schon härtere Methoden gefragt und eine davon ist die der rosa geblümten Fotoalben aus Kindertagen. Diese Methode zählt zu den grässlichsten, die von uns in diesem Handbuch vorgeschlagen werden, und wir bitten diese nur in äußersten Notfällen anzuwenden. Graben Sie die »schönsten« Fotoalben Ihres Kindes aus (Sie wissen, warum wir schönsten in Anführungszeichen geschrieben haben!) und setzen Sie sich in Ihren Lieblingssessel und blättern Sie mit einem verzauberten Lächeln darin. Achten Sie jedoch darauf, dass Ihr Sonnenschein zu Hause ist (sonst wäre das natürlich Zeitverschwendung). Sollte Ihre potenzielle Rentensicherung am Zimmer vorbeihuschen wollen, lassen Sie einfach einen herzzerreißenden Seufzer los. Ihr Kind sollte nicht sofort erkennen, dass Sie Baby- bzw. Kinderfotos ansehen, sonst kommt es zu einer instinktiven Fluchtreaktion und Ihre stundenlange Vorbereitung war umsonst.

Winken Sie den Postpubertierenden zu sich und beginnen Sie unbedingt mit folgenden Worten:

»Sieh mal! Kannst du dich daran noch erinnern?«
(Das ist natürlich eine blöde Frage, denn keiner von uns kann sich an seine Baby- bzw. Kleinkindzeit erinnern. Sie ist aber durchaus zweckmäßig.)

»Du warst so ein nettes Baby.«
(Ha, Volltreffer! Der Clou liegt im Präteritum.)

»Schau mal hier! Da bist du zum ersten Mal alleine aufs Töpfchen gegangen.«
(Die Peinlichkeit in doppelter Ausführung bildlich und verbal.)

»Und da hast du zum ersten Mal Mama gesagt! Sag noch mal Mama, so wie damals.«
(Lassen Sie nicht locker, bis Sie es gehört haben.)

»Auf diesem Foto hält dich dein Halbbruder aus erster Ehe, der nach Amerika ging und Millionen an der Börse machte, bevor er diese Adelige heiratete und nach Monte Carlo zog. Wir haben immer gehofft, dass du ...«
(Wichtig ist, dass Sie den Satz nicht zu Ende sprechen, sondern mit einem Seufzer über dem Fotoalbum zusammensacken, sonst könnten Sie Ihrem Kind ein Argument zum Kontern geben.)
Planen Sie für diese Methode zwei bis drei Stunden ein, weil Sie natürlich nicht berechnen können, wann Ihr Kind Sie selig lächelnd

mit dem Album auf den Knien entdecken wird. Verstärken können Sie diese Methode noch, indem Sie Bekannte oder Nachbarn dazu einladen.

Kleben Sie doch Fotos von irgendeinem anderen Kind oder Baby ein, um wiederum das Gefühl der Adoption in Ihrem Kind zu wecken (siehe Tipp S. 44)

Sollten Sie allerdings der stolze Besitzer einer Kamera mit Filmmaterial aus der Kindheit sein, dann lassen Sie das Material professionell zusammenschneiden und gegebenenfalls nachvertonen. Danach fragen Sie Ihr Kind ob es nicht einen Film ausleihen und mit den besten Freunden ansehen möchte, und dann tauschen Sie heimlich den geliehenen Film gegen das eigene Produkt aus. Viel Spaß!

8.2. Ausgehen

Im Gegensatz zu anderen Erziehungsratgebern raten wir Ihnen dringend, Ihren Halbwuchs jetzt so oft wie möglich ziehen zu lassen. Schneiden Sie sich doch nicht ins eigene Fleisch. Es gibt doch tatsächlich Eltern, die sich beklagen, dass Sie Ihr Kind nicht mehr so oft sehen. Sie als Leser dieses einzig wahren Buches und Erzieher der ersten Güte sehen das natürlich so wie wir. Wenn Sie frühmorgens arbeiten gehen, schläft Ihr Ein und Alles noch tief und fest, und wenn Sie spätabends wieder nach Hause kommen, strengt er oder sie schon wieder die Kosmetiktrickkiste an, um sich bereit für den nächtlichen Ausflug zu machen.

Seien Sie sich jedoch im Klaren, dass dieser Zustand nur vorübergehend ist und Ihre Geldbörse unter Umständen arg belastet werden könnte, womit wir auch schon bei den Nachteilen sind: dem Taschengeld. Hier ist wiederum der Mittelweg gefragt. Seien Sie mit dem Taschengeld weder zu knauserig noch zu großzügig. (Eltern, deren Kind eine Lehre oder andere Berufsausbildung mit monatlichem Gehalt machen, können dies natürlich beruhigt übergehen.) Sie wollen doch nicht, dass Ihr Kind schon nach zwei Stunden abgebrannt nach Hause kommt oder dass es Sie um 4 Uhr stockbesoffen aus dem Bett läuten muss, da irgendjemand anscheinend heimlich das Schloss ausgetauscht hat und keiner der vier Haustürschlüssel passt. Das Sahnehäubchen wäre, falls Sie in der glücklichen Lage sind, Ihre Haustürglocke deaktivieren zu können, dass Sie einfach den Schlüssel stecken lassen (bitte nicht außen) und so für eine längere Zeit Ruhe haben.

Wie vergesse ich mein Kind?

Man stellt es sich eigentlich ganz leicht vor. Wie bei einem unliebsamen Hund, den man kurzerhand irgendwo anbindet, sich verstohlen nach aufmerksamen Beobachtern umsieht und dann durch das Gebüsch abhaut. Ganz so einfach ist das mit einem Kind aber nicht.
Für jene, die das Gefühl haben, die Altersdemenz ist schon in greifbarer Nähe, und es so durchaus vorstellbar ist, dass das Kind an einem einsamen Ort aus »Versehen« zurückgelassen wird, stellen wir ein paar hilfreiche Gedanken zur Verfügung. Damit Ihre Kindesamnesie nicht zum gescheiterten Wiederholungstäter werden muss.
Allerdings müssen wir Sie bitten darüber Stillschweigen zu Bewahren. Wenn Sie jemand fragt – von uns haben Sie diese Ratschläge nicht.

Wo?

Nichts ist so wichtig wie der Ort, an dem Ihre Gedächtnislücke klaffen soll:

- Entweder es befinden sich dort so viele Menschen wie möglich (Menschenmassen eignen sich hervorragend, und wenn es hart auf hart kommt, können Sie vor Gericht immer noch totale Reizüberflutung geltend machen), oder er ist menschenleer.
- Je weiter er von zu Hause weg ist, umso besser (Urlaub in den Anden!!!).
- Abseits von diversen Polizeistationen.
- Der Ort sollte dem Kind Möglichkeiten zum gesellschaftlichen Anschluss bieten.

Wie?

Bei einem menschenleeren Ort braucht es noch eine improvisierte Ausrede, damit sich das Kind von Ihnen trennt (wenn Sie es irgendwo anbinden, lässt sich eine willentliche Straftat nachweisen). Beim Wandern in einer fremden Gegend zum Beispiel deuten Sie auf eine Lichtung und fragen Sie: »Ist das nicht eine Abkürzung?« (Kinder können Abkürzungen nicht widerstehen) oder: »Au, ich hab mir den kleinen Zeh verstaucht, so kann ich nicht weitergehen. Lauf mal los und hol Hilfe.« Oder lassen Sie sich dabei von Herrn Alzheimer behilflich sein: »Hoppla, mir wird plötzlich schwarz vor Augen – wer sind Sie überhaupt?«

Wenn Sie einen Ort mit Menschenmassen gewählt haben, dann bleiben Sie nur kurz in der Menge stehen und binden sich die Schuhe. Der Rest erledigt sich von ganz allein.

Ansonsten gilt:

- Achten Sie darauf, dass Sie Ihr Kind ohne Ausweis vergessen. Sie wollen doch nicht, dass es schneller zu Hause ist als Sie.
- Bläuen Sie Ihrem Kind, wie bereits erwähnt, eine falsche Adresse ein.
- Das Kind darf nicht hungrig sein (hungrige Kinder äußern sich lautstark und aufmerksamkeitserregend).
- Hinterlassen Sie keine Fingerabdrücke auf Ihrem Kind.

• Nicht mittellos (ein Taschengeld, das bis zum ersten Job reicht, muss sein).

Warum?

Das überlassen wir voll und ganz Ihnen.

Neben dem Vergessen des Kindes gibt es noch die Möglichkeit der Kombination mit einer vorgetäuschten Entführung. Die ist jedoch äußerst aufwendig, ruft öffentliches Interesse hervor und man wird mit unliebsamen Fragen der Polizei konfrontiert.

8.3. Sekten

Ein einfacher, aber sehr wirksamer Weg, den Lendenspross langfristig loszuwerden, ist es, sein Kind mit der Glaubensfrage zu konfrontieren. Wo kommen wir her? Gibt es einen oder mehrere Götter? Was kommt nach dem Tod? Wann holen uns die Außerirdischen ab? Ihr Kind wird nach Antworten suchen und sie aufgrund der Vielfalt der Glaubensgemeinschaften auch finden. Sekten gibt es für jeden Geschmack, ob für den potenziellen Satanisten oder Science-Fiction-Fan. Und das Tolle an Sekten ist, dass sie ihre Jünger und Jüngerinnen nicht mehr so schnell loslassen, wenn sie einmal die Erleuchtung (und das Sparbuch) gefunden haben. Also

gehen Sie einfach mal mit Ihrem Kind auf einen Vortrag von Fiat Lux, Seat Cordoba oder Ford Fiesta. Lassen Sie Ihr Kind eine Audition mitmachen oder eine meditative Astralwanderung. Wieso nicht die Zeugen öfter mal zum Kaffee einladen? Achten Sie nur darauf, dass Sie Ihre eigenen Kontodaten ändern, Ihr Telefon abmelden und gegebenenfalls umziehen, um das Ganze zu komplettieren.

8.4. Shopping

Eine der größten Leidenschaften der weiblichen Adoleszenzanwärter ist das sinnlose Ausgeben von kaltem, gefühllosem Geld, um dafür warme, kuschelige Klamotten zu erhalten. Und das in Mengen, die die Kompetenz eines jeden begehbaren Schrankes sprengt. Für Sie stellt sich da wohl die Frage, ob man diese Kaufwut zulassen sollte oder nicht. Sofern die Ausgaben nicht Ihren persönlichen Ruin und privaten Konkursantrag bedeuten, schlagen wir vor, dies nicht nur zu dulden, sondern sogar zu fördern.

Unser Gedankengang mag Ihnen vorerst nicht plausibel vorkommen, aber wir praktizieren hier nach der Devise der »Raumzeitexpansionssperre«. Je mehr Zeit Ihr Kind hat, umso mehr Klamotten können gekauft werden (vorausgesetzt, das nötige Kleingeld ist vorhanden). Je mehr Klamotten gekauft wurden, umso mehr verringert sich der Platz im Kleiderschrank Ihres Sonnenscheins. Jetzt ist ganz wichtig, die Expansionssperre einzusetzen. Nein, es wird kein größerer Kasten gekauft, nicht das Zimmer gewechselt und

schon gar nicht ausgebaut. Und jetzt heißt es nur abwarten und Tee trinken (und gegebenenfalls ein paar Scheine für mehr Kleider zuzustecken).
Erst platzt der Schrank, dann wird der Schreibtisch zu Kleiderablage. Danach werden alle Schuhe unter dem Bett verstaut, die Unterwäsche wird zwischen den Büchern aufbewahrt, Socken entlang der Wand gestapelt, Accessoires und Brillen an den Lampen befestigt und früher oder später ist das Zimmer so vollgerümpelt, dass nicht mal mehr der Familienhamster Balduin darin Platz hat. Ab diesem Zeitpunkt muss Ihr Kind auswärts schlafen und kann nur mehr zum Essen, Duschen und Umziehen nach Hause kommen und die Dauer für diese Aufwendungen beläuft sich höchstens auf zwei bis drei Stunden täglich (juhui!).

Übungsaufgaben

Aufgabe 1: Stellen Sie Ihr Kind bloß! Wie gehen Sie das an?

a) Ich befolge alle Ratschläge aus diesem Buch. (Das setzen wir auch voraus.)

b) Ich bestelle zum nächsten Geburtstag meines Kindes einen Clown. (Schaufeln Sie nicht ihr eigenes Grab. Denn ab diesem Zeitpunkt wünscht es sich jedes Jahr einen Clown.)

c) Schalten Sie in der Tageszeitung ein Inserat mit den schöns-

ten Kinderfotos. (Diese Methode funktioniert nur, wenn Sie sicher sein können, dass alle Freunde Ihres Kindes dieses Inserat wahrnehmen. Also fleißig austeilen!)

Aufgabe 2: Ihr Kind ist eine Woche lang jeden Tag ausgegangen und will heute zu Hause bleiben. Wie gehen Sie damit um?

a) Wir sehen uns gemeinsam einen Film an. (Sind Sie sicher, worauf Sie sich da einlassen? Die Nacht der lebenden Toten 1, 2 und 3. Während Sie sich vor Angst ins Hemd machen, kaut Ihr Kind genüsslich am Schnitzel vom Vortag herum.)

b) Ich hole das Fieberthermometer und rufe den Hausarzt. (Stimmt, denn mit Ihrem Kind kann etwas nicht stimmen.)

c) Ich führe ein Gespräch von Freund zu Freund. (Wieso? Haben Sie noch jemanden eingeladen? Wie – Sie wollen mit Ihrem Kind sprechen? Na dann viel Spaß.)

Aufgabe 3: Eine aus dem Rundfunk und Fernsehen bekannte Sekte klopft an Ihrer Tür. Was tun Sie?

a) Ich gebe ihnen mein gesamtes Bargeld, Sparbücher und Kontodaten. (Das können Sie ruhig machen, denn viel dürfte sowieso nicht übrig geblieben sein. Nur, wie soll das helfen, Ihr Kind zum Ausziehen zu bewegen?)

b) Ich hole einen Großinquisitor und lasse den Teufel austreiben. (Ihren kleinen Beelzebub können Sie mit kirchlichen Mitteln nicht austreiben! Da braucht es schon etwas mehr.)
c) Ich setze Kaffee auf und richte ein paar Stücke Kuchen her. (Genau – und während sich Ihr Kind mit der Sekte anfreundet, packen Sie gleich die Koffer.)
d) Ich begrüße meine Freunde herzlich! (Ah! Sie sind schon in einer Sekte? Dann wird es schwierig. Sie können Ihr Kind dann nur mehr zur Konkurrenz schicken.)

9. Jetzt wird es aber Zeit (18–25 Jahre)

Die Spanne von 18 bis 25 ist eine Zeit des Auf und Ab, eine unruhige, eine trügerische Zeit. Praktisch alle Kinder werden die Herzen ihrer Eltern wie Maschinengewehre knattern lassen. »Ich ziehe aus«, erklingt es da wie ein Orgelspiel mit elysischem Vorgeschmack. Zum Feiern ist es jetzt aber noch zu früh. In vielen Fällen haben Sie nicht einmal Gelegenheit, die Sektkorken knallen zu lassen, bis es an der Tür läutet. Und wer steht da? Das undankbare Ergebnis einer hemmungslosen und unvorsichtigen Nacht mit all den Koffern in der Hand, mit denen es gerade mal ausgezogen war.

Banale Ausreden stotternd steht es da: »Wir haben uns gestritten«, »In der WG waren alle total gemein«, »Ganz schön hart da draußen«, »Das kostet ja Geld«, blablabla.

Wie können Sie darauf reagieren? Es gibt genau drei Möglichkeiten, Ihr Gesicht nicht zu verlieren:

1. Sagen Sie Nein: Erklären Sie Ihrem Kind völlig ruhig und sachlich, dass es für seine Entwicklung nichts Schlimmeres gäbe, als wenn Sie es nun wieder aufnehmen würden. Erzählen Sie ihm von den bittern und heißen Tränen, die Sie genetzt haben, als es seinen Auszugsentschluss kundgetan hatte. Und davon, wie Sie es schließlich schweren Herzens akzeptierten. Und dass das, was Sie als Nächstes tun werden, das Schwerste wird, was Sie je in Ihrem Leben getan haben. Dann schließen Sie langsam und so als würden Sie gleich losheulen, die Tür mit den Worten: »Es ist nur zu deinem Besten.« Nur Mut, das können Sie schon, es wird schließlich auch von Ihnen erwartet.

2. Die unerwartete Augenblicksamnesie: Sagen Sie einfach: »Wer sind Sie? Ich kenne Sie nicht. Was wollen Sie von mir?« Wenn das noch keine Wirkung zeigt, können Sie nachsetzen mit: »Wir kaufen nichts! Verschwinden Sie von meinem Grund und Boden oder ich rufe die Polizei.«

3. Flucht: Die Flucht ist das einzige hundertprozentig sichere Mittel, dem Wiedereinzug Ihres Kindes Einhalt zu gebieten. Außerdem sind die ersten zwei Maßnahmen zugegebenermaßen eher resolut und nur für die nervenstärkeren unter der Sonne gedacht.

Diesen für alle Beteiligten peinlichen Moment des Türöffnens und Erstarrens im Angesicht der Wiederkehr können Sie problemlos nur so umgehen: Wenn sich Ihr Kind das erste Mal mit Sack und Pack durch die Eingangstür verabschiedet hat, muss alles sehr schnell gehen. Sie lösen umgehend Ihren Wohnsitz auf, plündern alle Ihre Konten, nehmen das Allernötigste mit und verschwinden auf Nimmerwiedersehen in eine sternenklare Nacht hinaus. Der Rest ist Schweigen.

9.1. Der Führerschein

Auch wenn es in der Geldbörse erheblich schmerzt (am besten verprassen Sie den Bausparvertrag, den Sie vor zehn Jahren dafür abgeschlossen haben), gibt es eigentlich nur Vorteile, Ihr Kind den Führerschein machen zu lassen. Denn damit erhöht sich eindeutig der Loslöseradius um einige hundert Kilometer. Nichtsdestotrotz möchten wir Ihnen noch ein paar Grundregeln ans Herz legen:

• **Vergessen Sie aus Kostengründen** die Fahrstunden selbst mit Ihrem Kind zu absolvieren, denn die Reparaturen am eigenen und den anderen beschädigten Fahrzeugen gehen ins Unermessliche. Auch Ihre Nerven werden geschont und das ist eigentlich schon unbezahlbar.

- **Lassen Sie Ihr Kind möglichst nicht mit dem eigenen Auto fahren.** Wozu hat man denn Verwandte, besonders jene, die Sie nie gemocht haben und schon viel zu lange eine Protzkarre fahren.
- **Sollten die Autos der Verwandten eines Tages nicht mehr zur Verfügung stehen**, wird Ihr Auto wohl oder übel dran sein, aber auch hier haben wir Lösungsvorschläge. Tanken Sie nicht! So ist entweder der Fahrtweg extrem kurz oder aber Ihr Kind »muss« tanken (wobei Sie in riesigen Lettern auf die Windschutzscheibe schreiben sollten, welcher Treibstoff der richtige ist). Wenn Sie stolzer Besitzer von vier Ziegelsteinen sind, montieren Sie die Räder ab und behaupten Sie, die wären gestohlen worden.

9.2. Das Studium

Also Sie haben wahrscheinlich die letzten acht Kapitel überlesen oder die von uns vorgeschlagenen Methoden sehr inkonsequent bzw. gar nicht umgesetzt. Und schon ist es passiert – Ihr Kind studiert. Bravo, gut gemacht! Aber wir schreiben Sie noch nicht ab. Sie haben jetzt noch zwei Kapitel, um Ihre letzte Chance zu nutzen, nehmen Sie diese also wahr.

Sollten Sie bisher der Meinung gewesen sein, dass nach dem ersten Schultag, der Pubertät, dem ersten Lebensabschnittspartner, der Scheinschwangerschaft, dem ersten Wiedereinzug nichts Schlimmeres passieren könnte, dann teilen wir Ihnen mit, dass Sie leider absolut falsch liegen. Es gibt da nämlich noch »das Studium«. (Versuchen Sie an dieser Stelle nicht die Nerven zu verlieren und schreiend durch alle Räume zu laufen, während Sie sich Ihre Haare ausreißen.) Ihr Kind hat sich mit der Inskription für ein Studium entschlossen, Ihr Martyrium zu verlängern.

Ein studierendes Kind ist wie eine vollgesaugte Zecke, die eine Bluttransfusion bekommt.

Ein Studium zu verhindern ist so gut wie unmöglich, jedoch können Sie die Dauer dieser Hochschulfolter beeinflussen, indem Sie Ihrem Kind zu einem Studium der etwas, ja sagen wir einfacheren Art raten.

Wir garantieren dafür, dass dies theoretisch einwandfrei funktioniert, jedoch garantieren wir dafür nicht unbedingt in der Praxis. Soll so viel heißen wie: Wir kennen ehemalige Geografiestudenten, die mit 35 Jahren ihren Abschluss feierten. Trotzdem ist die Wahrscheinlichkeit, ein Medizinstudium in der Mindestzeit zu absolvieren, ungleich niedriger als z. B. Sinologie. Ihr Ganzwüchsiger durchläuft während des Studiums eine Art virulente Infektion, die teilweise gutartig verlaufen kann oder eben nicht. Die Symptome sind relativ einfach zu erkennen:

- **Extreme Müdigkeitsorgien in der Früh** verbunden mit rot geschwollenen Augen. Viele Universitäten müssen aufgrund dieser

morgendlichen Antriebslosigkeit ihre Stundenpläne umstellen bzw. die Anfangszeiten anpassen.

- **Übermäßige Partylaune mit einer Neigung zu Alkoholexzessen.** Dieses Symptom geht Hand in Hand mit dem vorigen und wird so zu einem Teufelskreis.
- **Die Geldfluktuation,** denn obwohl Sie Ihr Kind mit Geld versorgen, er oder sie einem Nebenjob nachgeht, sich Geld von Freunden ausleiht, bleibt komischerweise nichts davon übrig. Wohin diese Unmengen von Devisen verschwinden, darüber wird noch spekuliert.
- **Unbeschreibliche Reiselust.** Studenten müssen ihr gewohntes Umfeld verlassen, um den unbewusst aufgestauten Stress loszuwerden. Wer für die Kosten dafür nach der Geldfluktuation aufkommen muss, ist wohl klar.
- **Die Selbstversorgungsblockade.** Unglaublich, aber die meisten Studenten sind (wahrscheinlich aufgrund der geistigen Höchstauslastung) nicht mehr imstande, sich warme Mahlzeiten, abseits von Fertiggerichten, selbstständig zuzubereiten.

Diese Infektion endet abrupt mit dem Abschluss des Studiums, den Sie mit folgenden Maßnahmen schneller herbeiführen können.

- **Machen Sie Ihr gewähltes Studium zum Wahlstudium Ihres Kindes.** Fangen Sie möglichst früh an, Ihrem Kind Ihr »Lieblingsstudium« (das kürzeste natürlich) schmackhaft zu machen, z. B.

mit kleinen Geldgeschenken oder materiellen Begünstigungen bei Studienantritt.

- **Schlagen Sie den Umzug in eine WG vor.** Bringen Sie Ihren Doktor in spe dazu, in eine WG zu ziehen, denn der finanzielle Aufwand (Ruin) ist hier minimal höher. Dies verringert zwar die Studienzeit nicht merklich, aber ob Ihr Kind jeden zweiten Tag den Kühlschrank leer räumt oder Sie die Miete, die bei einer überfüllten WG sehr gering ist, übernehmen, spielt keine Rolle. Und der Vorteil der WG? Wir merken schon, Sie denken das Gleiche wie wir ... Freiheit!
- **Machen Sie ein ständiges Wechseln der Studienrichtung unmöglich.** Es soll Sprösslinge geben, die auf der Suche nach dem geeigneten Studium es so ca. alle drei Monate gewechselt haben, bis sie es endgültig aufgaben und Pädagogik studierten (wir sprechen da aus eigener Erfahrung). Um dies zu verhindern, ist Ausdauer gefragt! Nehmen Sie sich ungefähr zwei Semester Zeit und sprechen Sie mit allen Professoren der Universität, auf der Ihr Kind studieren will (bis auf den Professor des Studiums Ihrer Wahl). Machen Sie denen klar, dass Ihr Kind nicht geeignet für das jeweilige Studium ist, und das mit allen Ihnen zur Verfügung stehenden Mitteln (außer Gewalt natürlich).

Wir müssen Sie jedoch nochmals warnen. Ein abgeschlossenes Studium ist kein hundertprozentiger Garant für den Auszug, denn wie

viele arbeitslose Akademiker stehen auf der Straße ohne Aussicht auf einen Job. Darum: falls Ihr Kind studiert oder auch nicht studiert hat, es benötigt einen Beruf. Sie denken jetzt zu Recht: »Ich kann sie/ihn auch so rauswerfen!« Damit haben Sie schon recht, aber bedenken Sie den Jo-Jo-Effekt. Rauswerfen – Einziehen – Rauswerfen – weinend zurückkommen – Rauswerfen – voller Reue das Kinderzimmer beziehen – Rauswerfen ...

Wutmanagement – Tipps zur Entspannung des Nervenkostüms:

• Warme Milch trinken!

Um angespannte Nerven zu beruhigen, gibt es nichts Besseres als ein Glas warme Milch: Setzen Sie sich in einen gemütlichen Stuhl und trinken Sie es Schluck für Schluck aus. Dann nehmen Sie die angebrauchte Milchpackung und verstecken Sie sie unter dem Bett Ihres Wonneproppens.

• Putzen hilft

Schrubben Sie eine richtig dreckige Fläche Ihrer Wahl (Herd, Terrasse, WC) mit der Zahnbürste des kleinen Nervenaufreibers und stellen Sie sie anschließend wieder in den Becher zurück.

- **Die Behaglichkeit des Feuers!**
Entspannen Sie am offenen Kamin und genießen Sie die meditative Wirkung der knisternden und lodernden Flammen. Ein besonders entspannender Brennstoff ist ob seiner aromatischen Entfaltung Zedernholz durchsetzt mit systematisch entnommenen Latten aus dem Rost des Bettes von Sie-wissen-schon-wem (nein nicht Lord Voldemort – von Ihrem Kind natürlich).

- **Einkaufen!**
Der Frustkauf ist eine vor allem in der Wirtschaft hoch angesehene und anerkannte Therapieform. Lassen Sie sich daher eine Kreditkarte ohne lästigen Überziehungsrahmen auf den Namen des Kindes ausstellen und kaufen Sie nach Herzenslust ein. Die Erbschuld ist schon was Feines!

9.3. Jobsuche

Ihr Kind hat also irgendeine Berufsausbildung schon längst abgeschlossen, findet aber keinen Job. Wir sagen Ihnen: Ausreden, nur Ausreden! Global gesehen werden in vielen Konzernen Menschen über fünfzig kurzerhand gekündigt und durch »junges Fleisch« ersetzt und Ihr Kind ist genau das, was diese Konzerne suchen (na ja, vielleicht nicht ganz, aber fast). Manchmal genügt nur ein kleiner Schubs, Ihr Kind dort vorstellig zu machen, manchmal muss man

es an den Haaren dorthin zerren und manchmal ist es besser, man geht anstelle des Kindes zum Einstellungsgespräch. Dies können wir leider keinem ersparen, aber wir möchten Ihnen einige Berufe vorstellen, auf die Sie wahrscheinlich nicht gekommen wären.

- **Bananenpflücker:** Ihr Kind kann gut mit Pflanzen umgehen, reist gerne in südliche Länder und demonstriert gegen die Ausbeutung von Arbeitskräften auf Plantagen? Dann ist dieser Beruf wie geschaffen für Ihren Schatz. Außerdem tut Ihr Kind aktiv etwas gegen diese Ausbeutung, indem es einfach selbst den Platz einnimmt.
- **Dermatologische Versuchsperson:** Gut bezahlt und immer gesucht werden Personen, die Kosmetikfirmen Ihre Haut zur Verfügung stellen. Sehr zu empfehlen für tierliebende Kinder. Außerdem wird bei Hautirritationen eine extra Prämie ausgezahlt.
- **Totengräber:** Wir alle wissen, Beerdigungen sterben nie aus! Der Beruf des Totengräbers ist auch nicht wirklich gefragt, sodass die Chancen, dieser Arbeit mit Erfolg nachzugehen, äußerst gut stehen. Wirkliche Aufstiegschancen sind dabei allerdings nicht vorhanden, aber Sie wollen Ihr Kind auch loswerden und nicht befördern (außer zur Tür hinaus).
- **Telefonhotline:** Ihr Sohn bzw. Ihre Tochter telefoniert zu viel und das schlägt sich auf Ihre monatliche Telefonabrechnung? Dann wäre dieser Job schon fast Pflicht. Hier kann man ja mit vielen netten Herren über fast alles sprechen, zimperlich darf man allerdings nicht unbedingt sein.

Dies ist nur eine kleine Auswahl und Ihrem Ideenreichtum sind keine Grenzen gesetzt, wenn es darum geht, endlich wieder die süße Luft der Freiheit zu atmen.

Eine sehr effiziente, wenn auch radikale Methode, das angestrebte Erziehungsziel der frühen Selbstständigkeit Ihres Kindes zu erreichen, ist die Kindesweglegung. Besonders dafür geeignet sind Kirchen und Klöster, zum einen weil die sich darin befindlichen Personen einer berufsbedingten ethischen Verpflichtung nachzukommen haben, zum anderen weil sie aufgrund ihres zölibatären Gelübdes nicht den blassesten Schimmer haben, was sie sich da gerade eingehandelt haben. Es gibt aber noch andere Vorteile:

- **Ihr Kind wird durch die frühe religiöse Prägung ebenfalls das Priesteramt anstreben,** immer einen gesicherten Job ohne finanzielle Sorgen haben und eine steile Karriere beginnen (besonders geeignet sind Klöster in Bayern).

Die Karrierechancen steigern sich immens, wenn Sie das Kind in einem schwimmenden Bastkorb oder einer Futterkrippe dekorativ vor dem Klostertor postieren.

• **Ebenfalls ersparen Sie Ihrem Kind durch dessen spätere Zugehörigkeit zum Klerus die Mühen und Sorgen,** selbst ein Kind großziehen zu müssen. (Es sei denn, es fällt später einmal auf den gleichen Trick herein, wie sein Mentor Bruder Tobias, der jeden Abend in der Vesper den Tag verflucht, an dem er diese vermaledeite Tür öffnete.)

Übungsaufgaben

Aufgabe 1: Ihr Kind kommt mit dem bestandenen Führerschein nach Hause. Was machen Sie als Erstes?

a) Ich öffne zwei Flaschen Prosecco, die wir beide kippen, und lass mein Kind noch eine Runde mit dem Auto fahren. (Man soll die Feste feiern, wie sie fallen, aber lassen Sie Ihr Kind nicht mit dem eigenen Auto fahren, sondern z. B. mit dem des Nachbarn)

b) Ich öffne drei Flaschen Prosecco, die wir beide kippen, und lass mein Kind noch eine Runde mit dem Auto fahren. (Ihr Problem ist nicht das Auto, sondern der Alkohol.)

c) Ich melde mein Auto sofort ab und verkaufe es. (Spitze! Am besten verkaufen Sie es gleich Ihrem Liebling. Den kann man leicht übers Ohr hauen, doch lassen Sie sich nicht darauf ein, es abzustottern oder so. Nur Bares ist Wahres.)

Aufgabe 2: Ihr Kind ist ausgezogen und steht wieder vor der Tür. Wie reagieren sie?

a) Ich nehme den verlorenen Sohn / die verlorene Tochter mit offenen Armen auf. (Ja, mit offenen Armen und einer bald leeren Geldbörse. Sie können zu Kapitel 10 weitergehen.)

b) Welches Kind? (So ist es! Einfach verdrängen, vergessen, wegsperren und nie wieder öffnen.)

c) Ich lasse meinen neuen Adoptivsohn die Tür öffnen. (Auf den ersten Blick eine gute Maßnahme, da Ihr Spross nicht mehr einziehen kann, da alle Räume belegt sind. Schlecht daran ist, dass Sie jetzt einen neuen Balg hängen haben, der nur mit noch einem Adoptivkind vertrieben werden kann. Ein Teufelskreis.)

Aufgabe 3: Ihr Kind ist auf der Suche nach einem Job! Wie können Sie ihm helfen?

a) Helfen? Ha, der / die ist alt genug! (Schon, aber ohne einen Beruf mit einem geregelten Einkommen ist mit Moos nix los. Sprich, der schnöde Mammon – Jo-Jo-Effekt. Das Kind kommt so lange zurück, solange die Kohle ausgeht.)

b) Ich kündige, damit mein Kind meine Stelle übernehmen kann. (Sie wollen die einzige Feste, die Sie noch haben, aufgeben? Das Einzige, das Sie vor dem finanziellen Ruin rettet.)
c) Ich habe das Ticket für den Flug auf eine Bohrinsel schon gekauft. (So ist es recht! Bohrinseln sind schwer zu erreichen und noch schwieriger zu verlassen.)

10. Extreme Maßnahmen (25–30)

Dies ist Ihre letzte Chance. Wenn Sie Ihr Kind jetzt nicht loswerden können, dann werden Sie es nie los!

Es ist aber nicht der leichteste Abschnitt, das lassen Sie sich gesagt sein. Vor Ihnen liegt ein steiniger und steiler Weg, eine Bergwertung mit höchstem Schwierigkeitsgrad, die keine Fehler und Schwächen zulässt.

Kinder, die in diesem Alter noch bei den Eltern wohnen, sind mit herkömmlichen Mitteln nicht aus dem Haus zu bekommen. Deshalb müssen Sie zu extremen Maßnahmen greifen, um die der Trägheit schuldig gewordenen Sünder abzuschütteln wie lästigen Staub von den Füßen.

Es liegt an Ihnen. Wenn Sie es wirklich wollen, dann schaffen Sie es auch. Als kleine Motivationshilfe ist nachstehend ein Dialog aus dem Leben zu lesen:

Mutter (M): *Guten Morgen, Liebling!*

Kind (K): *Fünf Minuten noch, Mutti.*

M: *Es ist schon zwei Uhr Nachmittag. Möchtest du nicht langsam aufstehen?*

K: *Ein Tag, der mit Aufstehen beginnt, ist ein total verschissener Tag.*

M: *Aber Butzi! Das Gaga-Wort sagt man doch nicht.*

K: *Hol mir mal die Zeitung.*

M: *Hab ich schon dabei. Musst du heute wieder auf die Uni?*

K: *Was haben wir denn heute?*

M: *Dienstag.*

K: *Nein, Dienstag, nein, Dienstag ist Ruhetag.*

M: *Gestern war doch auch schon Ruhetag.*

K: *Jaja, bei Medizin muss man nicht so oft hin. Da kann man viel von zu Hause aus machen.*

M: *Aber du hast doch gesagt, du studierst BWL.*

K: *Ja äh, das auch … das ist was ganz Neues. Betriebswirtschaftliche Medizin. Weil äh, das Wirtschaftssystem krankt.*

M: *Toll! Wie lange brauchst du eigentlich noch für dein Studium?*

K: *Maximal noch ein Jahr.*

M: *Oh! Nur noch ein Jahr und dann ist mein Butzi ein Doktor. Seufz!*

K: *Genau. Kann ich jetzt meine Zeitung lesen?*

So! Nun wissen Sie es. Das sollte nun Motivation genug gewesen sein, um dem Schmarotzer eins auszuwischen. Kommen wir also zu den extremen Maßnahmen:

Kochen macht Freude!

Würzen Sie das Essen Ihres Lieblings nie, aber alle vier Wochen gibt es ein höllisch scharfes Curry oder Chili. Da wird es nicht lange Dauern und er/sie wird auswärts essen und erspart Ihnen wenigstens das lästige Kochen.

Die Heizung spinnt!

Ganz komisch – im ganzen Haus funktioniert die Heizung, nur bei dir wird es nicht warm: Nein, in unserem Zimmer ist kein Platz mehr für dich – schön blöd, das mit der Heizung, vor allem weil

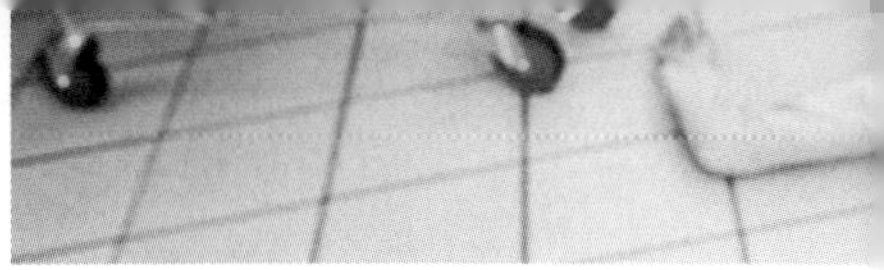

sie ja im Sommer volle Pulle heizt, na ja, aber ich kenn da ein ganz preiswertes Hotel und in Prag ist auch gerade ein Zimmer frei geworden.

Täuschen Sie Ihren eigenen Tod vor!

Machen Sie Ihr Kind glauben, Sie wären von ihm gegangen. Bei einem größeren Unfall mit Explosionen und Feuer und so was, damit es unmöglich ist, Ihre verkohlte Leiche zu identifizieren. Eine solche bekommen Sie für ein Butterbrot bei jeder Gerichtsmedizin. **Achtung! Nicht vergessen:** Um eine Identifikation wirklich unmöglich zu machen, muss auch das Gebiss zerstört sein, haben wir bei Columbo gelernt.

Die Fantasiesprache

Erfinden Sie plötzlich eine Fantasiesprache und ziehen Sie diese auf Gedeih und Verderb durch. Anfangs wird Ihr Kind noch für Sie Eintritt verlangen, aber über kurz oder lang werden Sie zumindest einen Teilerfolg verbuchen können: Die lästigen Konversationen von wegen »Kannst du mir Geld leihen?« oder »Wieso funktioniert meine Heizung nicht?« fallen weg.

Übungsaufgaben:

Aufgabe 1: Und was jetzt?

a) Die Heizung abdrehen, unverständlich artikulieren, das Testament abändern und den eigenen Tod vortäuschen. (Mehr gibt's da wohl nicht zu sagen!)

11. Unser Beileid (30+)

Anscheinend haben Sie mit Ihrem Kind eine Beziehung, die weit über das gutbürgerliche Verständnis hinausgeht. Der Grund dafür ist aber ein ganz anderer, als die meisten vielleicht vermuten werden. Es mag für Sie ein Schlag ins Gesicht sein, aber: Sie wollen gar nicht, dass Ihr Kind auszieht. Ohne Ihr Zutun geht natürlich nichts. Wir bedanken uns daher für Ihren mageren Versuch, doch in Ihrem Fall sind uns die Hände gebunden. Nehmen Sie dieses Buch und schenken Sie es jemandem, der dafür Verwendung hat, oder nützen Sie es, um einen wackelnden Tisch zu stützen. Leben Sie wohl!

12. Wann werde ich mein Kind los?

In einer in der Wissenschaft einzigartigen Zusammenarbeit zwischen namhaften Psychologen, Erziehungswissenschaftlern, Hellsehern, Mikrobiologen und Installateuren ist folgender ultimativer Psychotest entstanden:

Sehen Sie sich unten stehendes Hundebild genau an und konzentrieren Sie sich einige Minuten lang auf Ihre Mitte. Vergleichen Sie anschließend Ihre Gedanken mit unseren Antwortmöglichkeiten und in der Auflösung finden Sie sofort eine fundierte Prognose, wie lang Sie es mit Ihrem Kind noch aushalten müssen.

Jetzt kommt es nur noch darauf an, ob Sie es wirklich wissen wollen und ob Sie stark genug für den Blick in die Zukunft sind.

Antwortmöglichkeiten:

a) Da bleibt der Tierkörperverwertung nicht viel übrig ...

b) Das ist doch kein Hund, sieht eher aus wie ein Meerschweinchen.

c) Bestimmt eine Menge Arbeit, so ein Hund.

d) Ich wollte schon immer mal einen Hund haben.

e) Oh, ist der aber süß.

Auflösung:

Zu a): Bravo, so etwas Kaltblütiges wie Sie ist heutzutage selten. Sobald Ihr Kind laufen kann, ist es weg.

Zu b): Nicht schlecht, der Kindergarten sollte bei Ihnen der Knackpunkt sein.

Zu c): Ihr Charakter ist ausbaufähig. Sie haben gute Chancen, mit 10 Jahren wegzukommen. Bei guter Führung raus in 8.

Zu d): Dann kaufen Sie sich einen – ein Kind ist nichts für Sie.

Zu e): Schaufeln Sie sich ein Grab und legen Sie sich hinein – Ihr Kind wird es für Sie zuschaufeln.

13. Projekte der Zukunft

Es kann natürlich nicht sein, dass wir uns nun, nachdem wir dieses Buch geschrieben haben, uns zurücklehnen und uns auf unseren Lorbeeren ausruhen. Selbstverständlich müssen wir weiter am Ball bleiben und dürfen nicht den Kopf in den Sand stecken, sonst wird sich nie etwas ändern. Deshalb werden wir auch in Zukunft kein bisschen leise sein und haben auch schon so einiges vor wie unter anderem:

- **Verschwörungstheorien verbreiten**

Jeder Mensch hat einen schwachen Punkt – Kinder haben zwei: Sie haben viel Fantasie und sie sind leichtgläubig. Das gilt es auszunut-

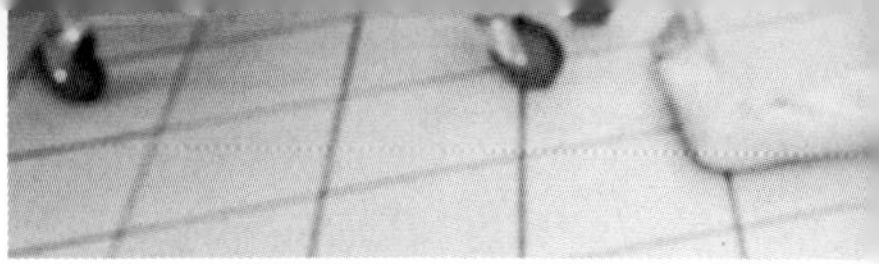

zen. Wir arbeiten seit Jahren daran, fingierte Verschwörungstheorien in Kinderkreisen in Umlauf zu bringen mit unterschiedlichem Erfolg.

Es sind dies Handzettel oder Tonbandkassetten, die auf geheimnisvolle Weise in die Hände der Kinder gespielt werden. Sie müssen glauben, sie hätten diese gefunden oder irgendwo zufällig ausgegraben wie einen Piratenschatz. Sie werden lachen, aber das erhöht die Glaubhaftigkeit drastisch.

Der Text darauf ist wie folgt:

Kinder der Welt, wacht auf, denn ihr ward von euren Eltern betrogen! Tag für Tag wähnt ihr euch in einem schlaraffischen Paradies, in der wohlbehüteten Sicherheit der Familie. Die bittere Wahrheit sieht aber ganz anders aus: Ihr werdet ausgenutzt!!!

Ja, sie geben euch, im besten Fall, ein Dach über dem Kopf und etwas zu essen, aber nicht etwa, weil sie euch lieben – nein, weil sie sich selbst verwirklichen wollen.

Denn erst Kinder machen Väter zu Männern und Mütter zu Frauen!!! Sie bereichern sich an euch. Ihr seid für sie nichts weiter als eine kostenlose Psychotherapie – und das für lumpige Kost und Logis. Viel zu lange dauert nun schon die Schreckensherrschaft der alten Generation. Steht auf gegen dieses faschistoide Regime. Lasst euch nicht noch kleiner machen, als ihr schon seid. Ihr seid keine willfährigen Tiere, die man dressieren kann, wie man will. Also: Packt und zieht aus!

Wenn ihr noch nicht gehen könnt: Trainiert!

Es gab bereits mehrere Versuche, in denen sich kleinwüchsige Erwachsene als Kinder tarnten und ähnliche Botschaften verbreiteten. Diese schlugen aber allesamt fehl. Die Gründe dafür mögen verschiedener Natur sein, wir glauben, dass Kinder einen Erwachsenen auf mehrere Kilometer gegen den Wind riechen/wittern können. Möglicherweise haben Sie mehr Erfolg – probieren Sie es aus und berichten Sie uns von Ihren Erfahrungen.

- **Bedienungsanleitung für Kinder**

Für jedwedes Gerät, sei es auch noch so unkompliziert, gibt es eine umfangreiche Bedienungsanleitung in allerhand Sprachen. Nur für Kinder gibt es nichts Derartiges – ausgerechnet dort, wo Not am Mann ist. Einzig und allein ein paar altbackene und unausgegorene alternative Ratgeber wie »Mein Kind – mein Kreuz« sind im Bücherregal zu finden, aber nichts Handfestes. Ein Büchlein, das zu jedem Problem eine passende Lösung parat hat. Eine Servicenummer und eine Herstellerfirma, die man gegebenenfalls verklagen kann.
Daran wird in unserer Denkfabrik fieberhaft gearbeitet. Einfache und userfreundliche Bedienung sowohl im Online- als auch im Offline-Betrieb ist unsere Zielsetzung. Ganz nach dem Motto: »Die Firma Storch und Co. kondoliert Ihnen zum Erwerb eines Menschen Modell Kind. Es liegt in unserem Interesse, dass Sie so wenig Schwierigkeiten, wie es geht, mit Ihrem Gerät haben. Sollten Sie damit nicht zufrieden sein, dann wenden Sie sich bitte an unse-

re Kundenbetreuung, die rund um die Uhr für Sie erreichbar ist, oder senden Sie uns den Artikel portofrei zurück. Ein Etikett mit der Rücksendeadresse ist selbstverständlich beigepackt.«

• **Die Politik muss Farbe bekennen**

Die Bevölkerung wird immer älter und unsere Pensionen immer unsicherer. Die Wirtschaft stöhnt unter den Fußfesseln der Legislatur. Dabei könnte alles ganz einfach sein. Lassen wir doch unsere Kinder für uns arbeiten. Die wissen ohnehin nicht wohin mit ihrer Energie. Statt Friedhöfe zu schänden oder Autos zu knacken, können sie sich ebenso gut an der Erhaltung des Systems beteiligen und einen positiven Beitrag für die Gesellschaft leisten.

Kinderarbeit hat goldenen Boden.

Das wissen die da oben ganz genau. Nur die Angst vor dem Verlust der Würde und der politischen Unkorrektheit hält sie noch davor zurück, zu handeln. Zeigen wir Ihnen gemeinsam, dass sie sich nicht zu scheuen brauchen, da wir wie ein Mann hinter ihnen stehen.

Es kann kein Ding der Unmöglichkeit sein, das Volljährigkeitsalter auf 12 herunterzuschrauben und somit der wirtschaftlichen Zukunft unseres Landes eine Chance zu geben.

Das Leben besteht nicht aus Brezeln, aber es liegt in unseren Händen, schon mal den Teig dafür zu kneten!!!

- **Initiative »Raus mit den Nesthockern«**

Außerdem bemühen wir uns, dass unsere Initiative »Raus mit den Nesthockern« als eingetragener Verein angenommen wird. Unser Leitspruch wird sein: Erziehen zum Ausziehen! Leider sind wir damit noch auf bisweilen heftigen Widerstand gestoßen. Die meisten Proteste kommen aus dem räucherstäbchenanzündenden, schwitzhüttesitzenden und bachblütentröpfelden Lager, das sich nur von Sonnenstrahlen ernährt und glaubt unserem Land gehe es gut. Ein doppelter Widerspruch in sich selbst, wenn Sie uns fragen.

14. Erfahrungsberichte

Dieses Buch hat natürlich für Zündstoff und großes Echo gesorgt. Hier eine repräsentative Auswahl der eingegangenen Zusendungen und Erfahrungsberichte:

Madleine (29)

Ich wünschte dieses Buch hätte es schon viel früher gegeben. Dann wäre uns unsere Tochter nicht so lange an der Backe geklebt. Nun ist sie im Alter von neun Jahren endlich ausgezogen. Danke!!!

Heribert (38)

Fantastisch! Seit einem halben Jahr sind meine Frau und ich wieder allein. Nicht nur finanziell sind wir wieder zurück in den schwarzen Zahlen. Meine Frau redet mich wieder mit meinem richtigen Namen an und im Bett ist sie sogar ein bisschen versaut, so wie ich's gern hab.

Albert (62)

Hoffentlich erkennt auch die Politik bald die Genialität und den visionären Gedanken dieses Buches. Das Land sollte sich vor Ihnen verbeugen. Es gibt keine größeren Patrioten als Sie beide.

Frederike (28)

Sie sollten sich etwas schämen. So einen Unsinn zu verbreiten. Nach den ersten zwei Seiten Ihrer Lektüre musste ich mich sofort einer ayurevedischen Stimmgabelbehandlung unterziehen.
Auch in diesem Augenblick kann ich meine Mitte nicht finden. Ich gehe jetzt zum Kinesiologen. Das haben sie davon.

Marcel (5)

Lksjgirgjerlektdf9gpprjtölkos0drj4k5üpsüpirölzöoidfhoo-
jqöölkwj40o!!

Kristen (28)

Ich habe das Buch mit Spannung nicht gelesen und fand es großartig, einmal nicht zu wissen, was dort geschrieben steht!

Die Autoren

Daniel Lenz (geboren am 6. 12. 1974 in Innsbruck) und **Harald Haller** (geboren am 14. 5. 1975 ebenfalls in Innsbruck) wurden sehr antiautoritär erzogen. Sie wuchsen beide in sehr kinderreichen und aufgrund dessen völlig verarmten Familien auf. Sie erkannten ihre Schuld und zogen die Konsequenzen. Im Alter von fünf Jahren gründeten sie eine Zweier-WG und wurden über Nacht erwachsen. Diese Erfahrungen verarbeiteten sie in ihrem Erstlingswerk »Mea Culpa – durch meine Schuld«. Es folgte eine Vielzahl von Artikeln in diversen Fachzeitschriften, pädagogischen Leserbriefen, Lehrbüchern wie »Mein Kind – mein Kreuz« und mehreren Gedichtbänden. Außerdem gelten sie als die Begründer der ökonomischen Pädagogik: sorgenfrei und finanziell abgesichert – auch mit Kind. Zwischen dem Signieren von Büchern und Abhalten von Pressekonferenzen treten die beiden zum seelischen Ausgleich als Kabarettduo »Die Schienentröster« auf.